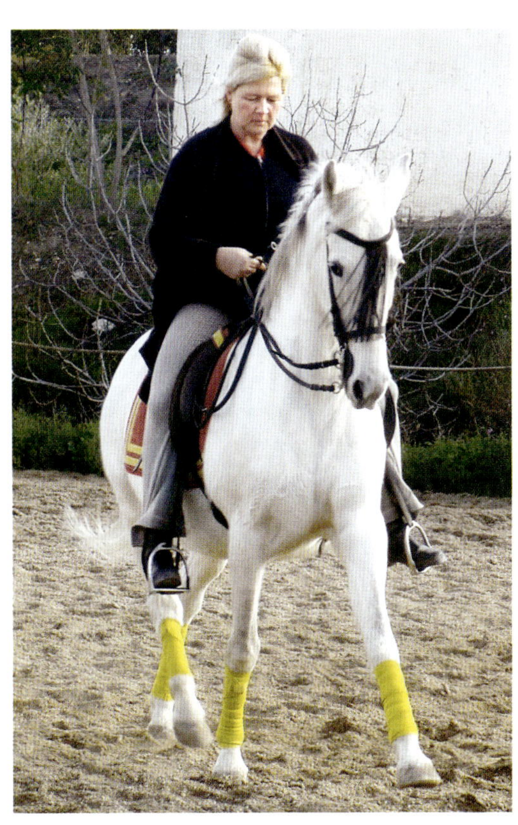

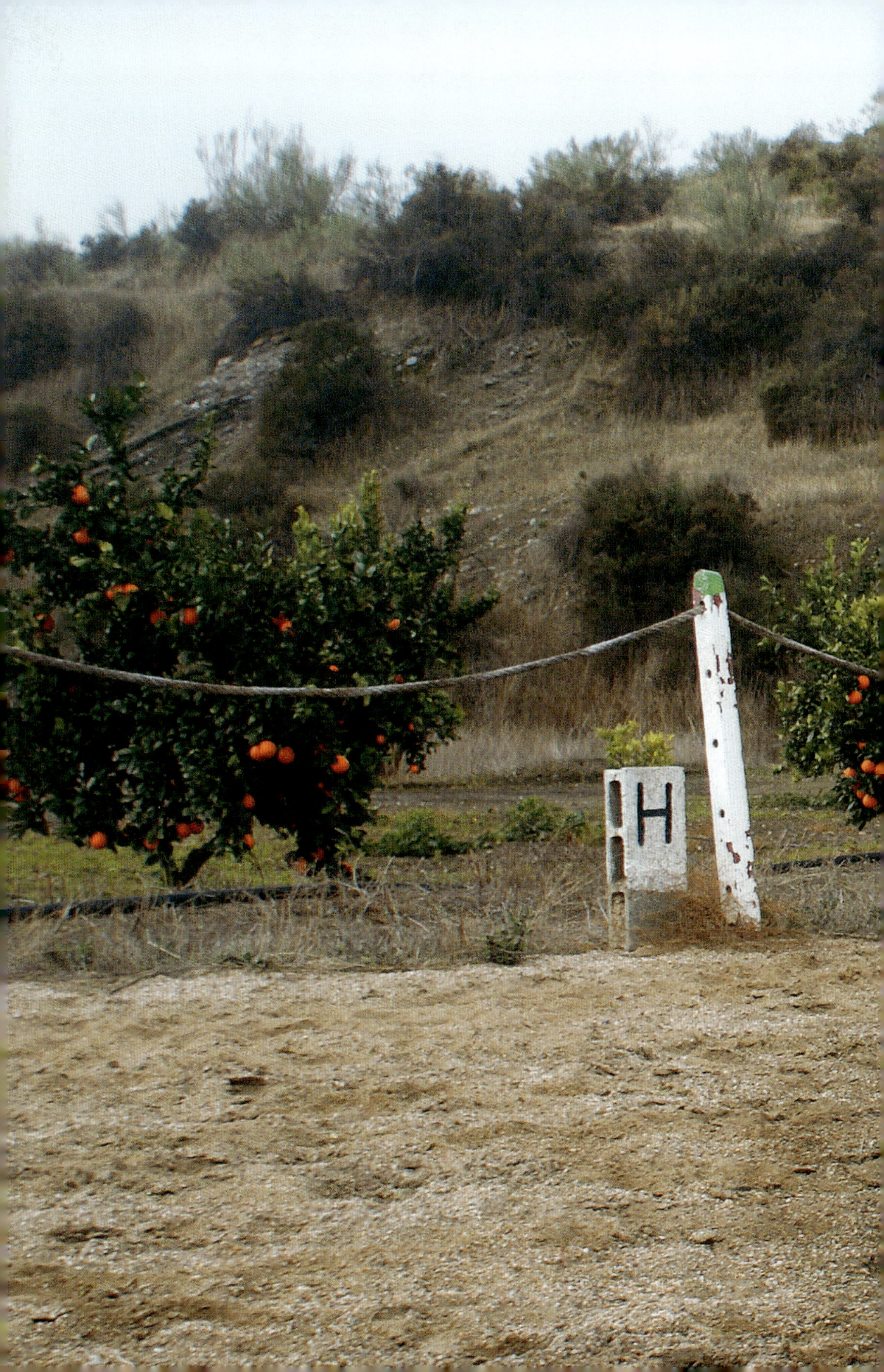
H

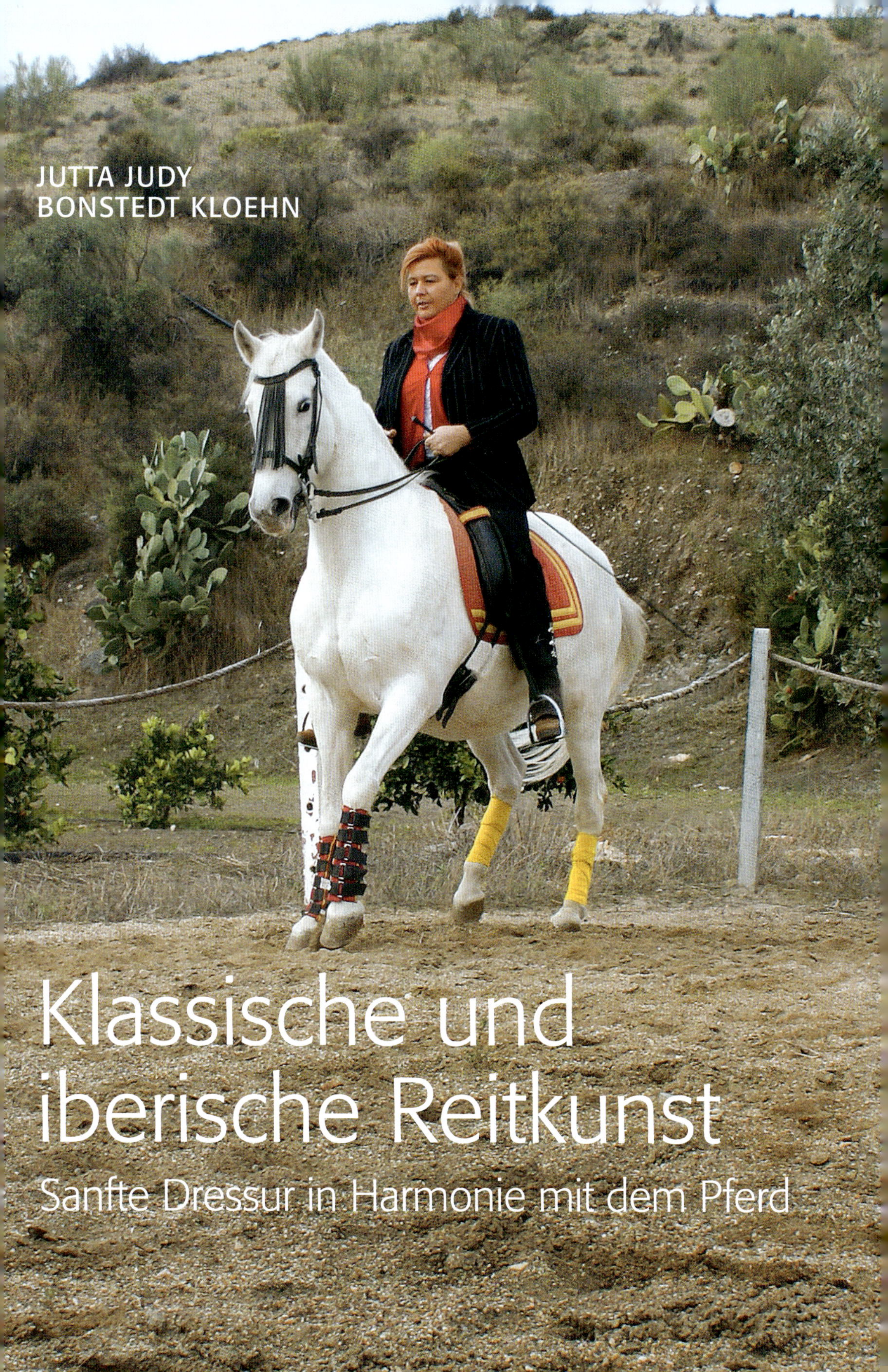

JUTTA JUDY
BONSTEDT KLOEHN

Klassische und iberische Reitkunst

Sanfte Dressur in Harmonie mit dem Pferd

Was Sie in diesem Buch finden

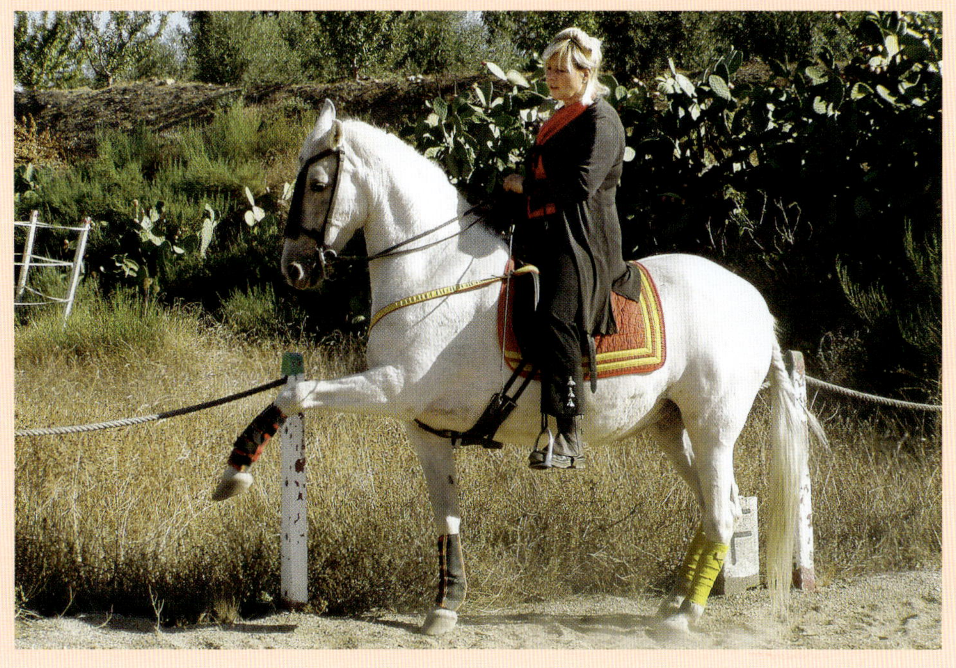

Geleitwort

Unsere Wege kreuzten sich vor einigen Jahren, als ich auf der Suche nach einem spanischen Pferd war, mich aber wieder einmal nicht von meinem heimatlichen Hof in Deutschland loseisen konnte. Obwohl wir uns zu diesem Zeitpunkt ausschließlich per Telefon austauschen konnten, schaffte Judy es mit ihrem einzigartigen Gefühl für Mensch und Tier, genau »mein Pferd« für mich zu finden. Der »junge Mann« von damals hat sich inzwischen zu einem stattlichen Hengst entwickelt, der noch immer in meinem Stall steht und von dem ich mich für kein Geld dieser Welt trennen würde.

Ich hatte seinerzeit spontan ein solches Vertrauen zu dem Menschen Judy und zu ihrer Kompetenz gewonnen, dass ich tatsächlich ohne Zögern das Risiko eingegangen bin, diesen Hengst, den ich nie zuvor live gesehen hatte, zu kaufen und über mehr als 2000 km zu mir nach Hause zu holen. Bereut habe ich diesen Schritt bis heute keine Sekunde. Bescherte er mir doch nicht nur ein wundervolles Pferd, nein, ich hatte auch noch eine seelenverwandte Freundin in Judy gewonnen. Diese Freundschaft haben wir trotz der großen räumlichen Entfernung stetig ausgebaut. Weitere Pferdeankäufe folgten, bis wir schließlich gemeinsam in Taber-

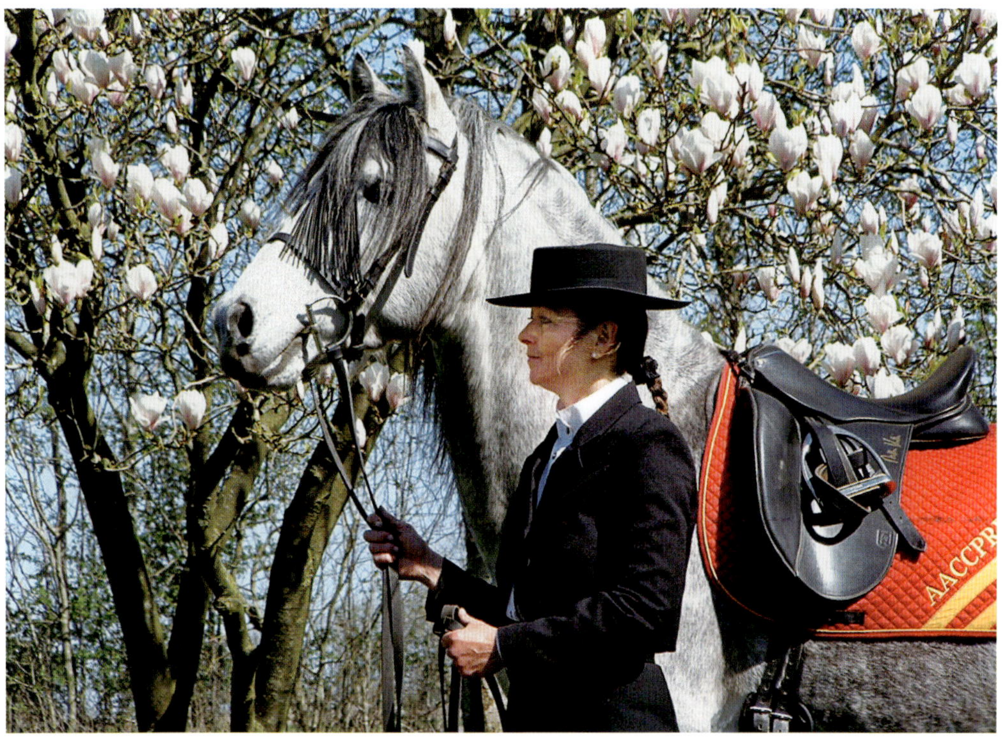

Anja Adamski mit Hengst Ciprion

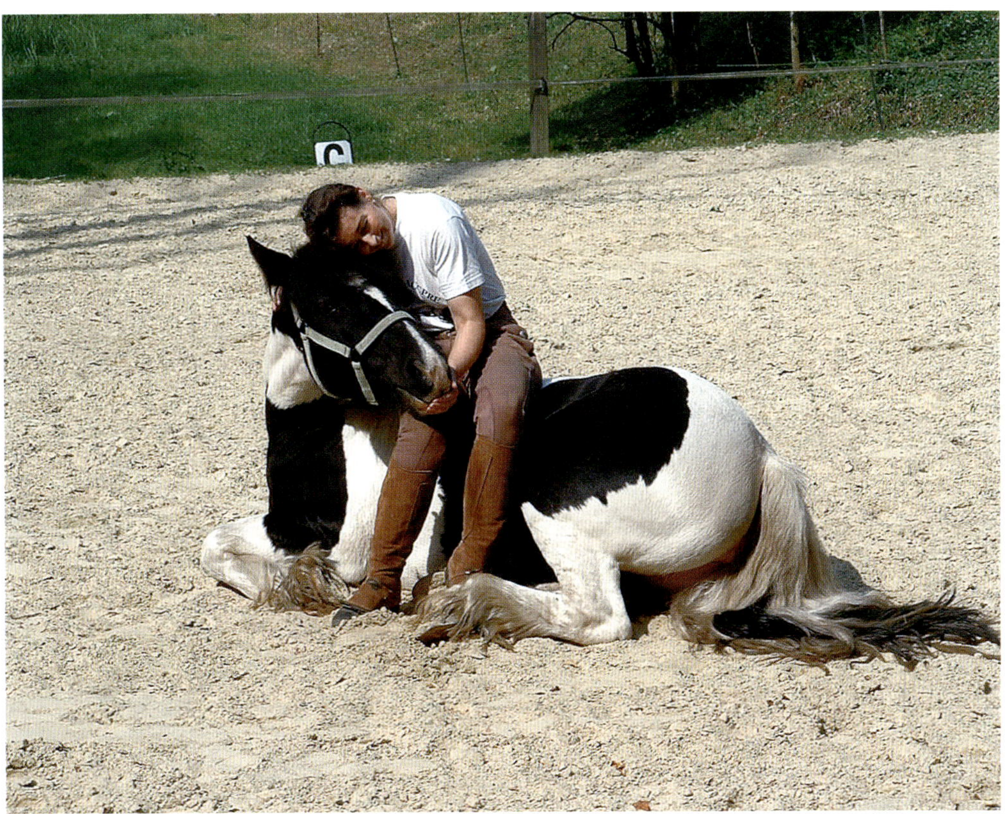

Joleen und Anja

nas eine kleine Pferdezucht aufgebaut haben, die liebevoll und vorbildlich von ihr betreut wird.
Als Judy mich bat, ein Vorwort für ihr neues Buch zu schreiben, freute und ehrte mich das gleichermaßen. Ungeachtet verschiedener persönlicher Schicksalsschläge gehen von ihr stets große innere Gelassenheit und konsequente Stärke aus, gepaart mit der Fähigkeit, immer eine Lösung zu finden und optimistisch in die Zukunft zu blicken.
Gerade diese Eigenschaften sind jedoch von unschätzbarem Wert im Umgang mit unserem vierbeinigen Partner. Ihre sensible Art, mit Pferden auch auf höchster Ebene harmonisch zu kommunizieren und Vertrauen aufzubauen, sollte das Ziel eines jeden Reiters und Pferdehalters sein.
Ich wünsche allen Lesern, dass sie mit viel Freude durch dieses Buch an dem Wissen, der Begeisterung und Motivation der Autorin teilhaben können und inspiriert werden. Möge ein Stückchen andalusisches Flair, geprägt durch Lebensart, Landschaft und nicht zuletzt seine wundervollen Pferde, auf diesem Weg auch zu ihnen nach Hause kommen.

Anja Adamski

Vorwort

Nie waren die iberische Reitkunst und das spanische Pferd so populär wie heute. Es gibt kaum einen Reiter, der nicht davon träumt, mit einem spanischen Hengst durch höchste Dressurlektionen zu tanzen. Was macht die Faszination aus? Die Leichtigkeit, mit der diese Pferderasse die Lektionen auszuführen scheint? Die Eleganz, das Tänzerische innerhalb der Piaffe oder Passage? Der dazugehörige Reiter, der sein Pferd scheinbar ohne erkennenbare Hilfen in solche Aufgaben hineinführt?

Zwei Schulen – dieselbe Wurzel

All dies vereint die Alta Escuela – die spanische Hohe Schule. Dem gegenüberstehend haben wir die klassische, »konventionelle Reitweise«, welche innerhalb der geforderten Lektionen der spanischen Hohen Schule doch sehr ähnelt, baut sie doch auf denselben alten klassischen Lehrmeistern auf, nämlich Antoine de la Baume Pluvinel und François Robichon de la Guérinière.
Ich möchte versuchen, in diesem Buch Trainingsmethoden darzustellen, die für beide Reitweisen sehr gut anzuwenden und durchzuführen sind. Nicht immer hat die spanische Hohe Schule einen so guten Ruf gehabt. Ebenso gibt es bei der klassisch-konventionellen Reitweise manches zu kritisieren. Vielerorts wurden Reiter gesehen, die ihren Pferden auf den Kopf schlugen, wenn Dressurlektionen nicht funktionierten. Pferdezungen, die durch Wassertrensen gequetscht wurden, kamen und kommen noch immer vor. Jeder der sich mit spanischen Pferden und der dazugehörigen Dressur beschäftigt, weiß, dass es viele spanische Pferde gibt, deren Nasenrücken vernarbt sind durch die verwendete Serreta (spanischer Kappzaum, bei dem der eiserne Nasenteil mit Zacken bewehrt ist). Maulschonendes Reiten – aber auf Kosten des empfindlichen Nasenrückens.
Sowohl in der klassisch-konventionellen Reitweise als auch innerhalb der spanischen Hohen Schule habe ich Pferde gesehen mit blutigen Wunden in der Rippengegend durch die Verwendung von scharfen Sporen. Solche Beispiele zeigen, wie grausam der Mensch doch sein kann. Die Pferde und die Reitweise tragen die geringste Schuld an diesem traurigen Ergebnis. Eine Kandare ins Pferdemaul, eine spanische Satteldecke und ein Trachtensattel machen noch lange keine spanische Hohe Schule aus. Dressurkandare, Dressursattel und weiße Bandagen machen ebenso wenig einen Grand-Prix-Dressurreiter aus.
Es gibt sowohl »deutsche« Grausamkeit bei der Pferdeausbildung oder im Reitsport als auch spanische Reiter und Ausbilder, die ihre Pferde brutal behandeln – einzig und allein darauf aus, eigene Erfolge zu verbuchen.

Im Vordergrund – die Liebe zum Pferd

All dies muss und sollte in Zukunft aufhören. Wir sollten nie die Liebe zu den Pferden vergessen, sie muss vor allem anderen immer im Vordergrund stehen.

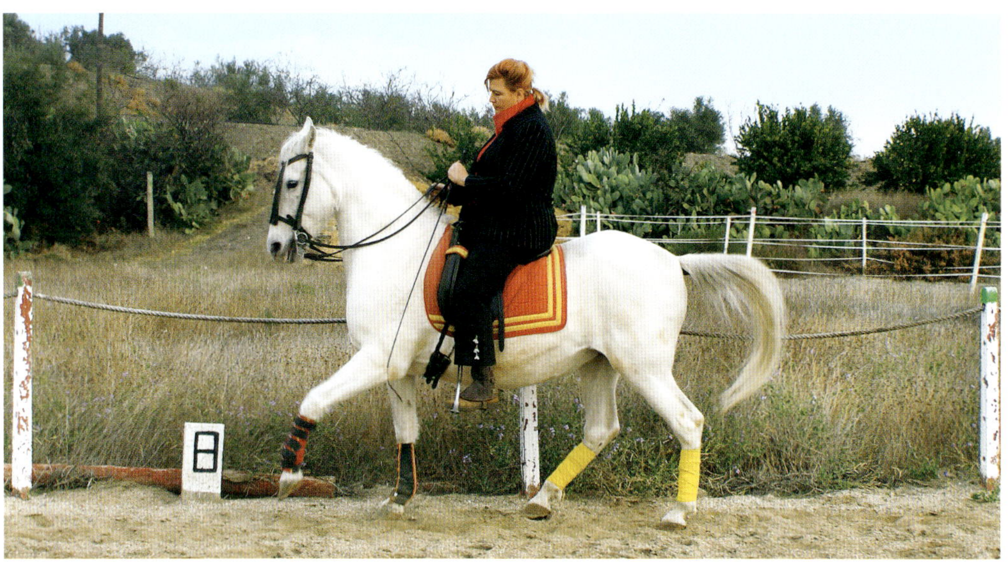

Die Autorin mit einem ihrer »Sprösslinge«

Wenn wir tänzerische Bewegungen von unseren Pferden wünschen, müssen wir erst mal selbst lernen, dem Pferd dies zu vermitteln. Und mit dem richtigen Reiter kann das sowohl das deutsche Warmblut als auch die Haflinger-Kreuzung und der Andalusier.

Wieso dieses Buch geschrieben wurde

Immer mehr Reiter und pferdebegeisterte Menschen suchen nach neuen Wegen und Methoden, um zu einem besseren Reitergebnis zu gelangen. Die üblichen konventionellen Reitlehren werden immer mehr in Frage gestellt. Der Weg, durch das Verwenden eines neuen, anderen Gebisses, größerer Sporen, längerer Gerten, Ausbinder etc. sein Pferd besser zu reiten, scheitert meist kläglich. Das Wechseln zu einem anderen Reitlehrer erbringt oft nicht die erhoffte Veränderung. Noch dazu ist das Erlernen des Reitsports nicht gerade preiswert. Jeder will das Beste, dies darf allerdings nicht viel kosten. Und so drehen sich viele Reitschüler im Kreis und kommen letztendlich keinen Schritt weiter.

Die Theorie ergänzt die Praxis

Mein Buch soll Ihnen helfen, zu einer besseren Verständigung mit Ihrem eigenen oder Ihrem Lehrpferd zu gelangen. Verzweifeln Sie nicht, der Weg zur perfekten Reitkunst ist sicherlich weit und erfordert auf alle Fälle jahrelanges Training. Und nur aus einem Buch werden Sie nicht lernen können. Aber wenn Sie von Anfang an meine Tipps und Ideen mit in Ihren Trainingsplan einbeziehen, werden Sie sicherlich rascher zu einem akzeptablen Ergebnis kommen. Ich wünsche Ihnen und Ihrem Pferd viel Erfolg!

Jutta Judy Bonstedt Kloehn

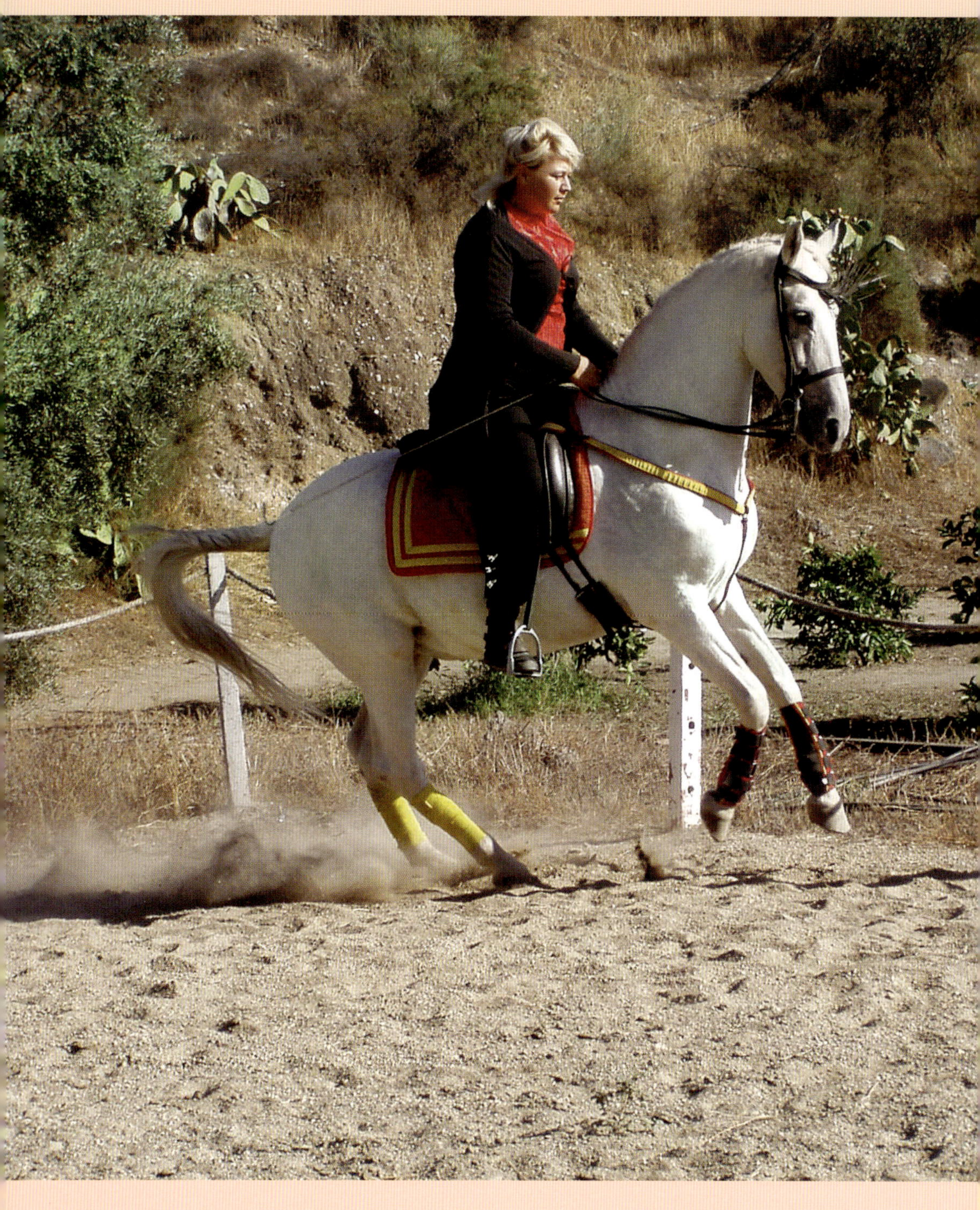

Die Grundlagen – Reitlehre

Das A und O, um die Reitkunst zu erlernen, ist eine systematische Basis bei der Grundlagenarbeit mit dem Pferd. Von der Pike auf muss der Reiter Stück für Stück neue Lektionen dazulernen und das bisher Geübte immer wieder festigen.

Wie alles begann – mein persönlicher Weg zur spanischen Reitkunst

Ich erinnere mich noch gut an die Zeit, als ich mit dem Reiten anfing. Von klein auf liebte ich Pferde. Kein Geschöpf dieser Erde schien mir anmutiger und edler zu sein als diese Tiere. Tief sog ich ihren Duft ein, meine Nase fest an das Fell gepresst, als ich das erste Mal als kleines Mädchen zur Reitstunde durfte. Meine Eltern sparten sich jeden Pfennig ab, um meine Pferdeliebe und die Begeisterung für den Reitsport zu fördern. Dafür bin ich ihnen noch heute sehr, sehr dankbar.

Aller Anfang ist schwer

Der Weg zu einer wahren Pferdefrau mit Sach- und Fachverstand war steinig und lang. Und er war schmerzvoll. Ich erinnere mich noch heute an meine ersten Reitstunden: Mir schmerzte der ganze Körper, Muskelkater plagte mich, die Verzweiflung war oft groß, weil ich keinen wirklichen Plan hatte, wie ich jemals eine gute Reiterin werden sollte.
Verstand ich doch nicht mal die Hälfte von dem, was mein Reitlehrer in der Mitte des Platzes da so an Kommandos herausbrüllte. Ich schwor mir immer, dass ich niemals so mit Reitschülern umgehen würde. wenn ich mal meinen eigenen Betrieb hätte. Denn davon träumte ich schon als kleines Kind.
Kurz und gut; ich wanderte also die nächsten zehn Jahre durch die klassisch-konventionelle Reitweise, fühlte mich fünf Jahre lang sehr wohl unter den Western- und Freizeitreitern. Aber das war es auch nicht, was ich suchte. Die konventionelle Reitweise stieß mich ab, die Hilfengebungen waren mir zu grob, die Hilfszügel zu grausam, und ich dachte mir, das kann so nicht richtig sein, so will ich nicht weiter reiten. In der Freizeitreiterszene war ich aber auch nicht richtig glücklich, das war mir zu viel »nur herumschlürfen« ohne Eleganz. Westernreitern war mir zu viel langer Zügel, zu viel Beine vorstrecken und Becken abkippen.

»Lehrmeister« Rociero

Eigentlich durch Zufall kam ich nach Andalusien, denn hier fand ich mein erstes eigenes Pferd – meinen Tres Sangre namens »Rociero« – eine Kreuzung aus Hispano-Araber, Berber und Lusitano. Er war sehr verritten und erforderte von mir viel Nachdenken und mit dem Kopf reiten, nicht nur mit dem Hinterteil.
Durch ihn lernte ich, dass es so, wie ich zuvor geritten bin, nicht weiterging. Nach und nach machten wir zusammen Fortschritte. Ich konnte nach sieben Jahren Training mit ihm stolz behaupten, dass ich ein problematisches Pferd korrigiert hatte, das in seiner Glanzzeit ohne Zäumung und ohne jegliches Kopfstück sogar Garrocha-Übungen mit mir durchführte.
Rociero war es, der mir den Mut zum Auswandern gab. Er fühlte sich in Deutschland nie wirklich wohl, das habe ich deutlich gespürt. Im Jahre 1995 wanderte ich nach Spanien aus und eröffnete in der Provinz

Almería mein eigenes Reit- und Ferienzentrum Rancho Rayo de Sol in Tabernas. Nicht ohne zuvor in einem Ausbildungsbetrieb mitgearbeitet zu haben, um mich in der spanischen Hohen Schule fördern zu lassen. Das war es, was ich jahrelang gesucht hatte: diese Eleganz, dieser Tanz mit den Pferden, diese Verschmelzung mit dem Tier. Und das alles mit feinsten Hilfen.

Mehr Vergnügen für Pferde und Reiter

Ich trainierte jeden Morgen mindestens sechs Pferde und mich selbst – nachmittags bildete ich dann meine eigenen Pferde in meinem Betrieb weiter aus. Seit mehr als 14 Jahren gebe ich regelmäßig professionellen Reitunterricht und kann stolz auf meine vielen treuen Reitgäste sein, die mir immer wieder bestätigen, dass meine Art zu lehren wirklichen Erfolg bringt. Und meine Grundliebe zum Pferd lässt mich mit meinen Pferden mit den feinsten Hilfen arbeiten. Das große Grauen kam mir sehr oft, wenn meine Reitschüler das erste Mal eines meiner Lehrpferde ritten. Dringende Abhilfe war nötig angesichts dieser groben – aber durch Unwissenheit – ausgeübten Reitstile. Viele Reitschüler fragten mich, ob ich nicht auch mal Kurse in Deutschland geben könnte. So war ich in den Jahren 1999 bis 2002 sehr oft in Deutschland, denn die Idee fand ich sehr gut. Die Kurse haben mir sehr viel Freude gemacht, konnte ich doch so vielen Reitern helfen, besser mit ihren Pferden klarzukommen und besser zu reiten. Und das ist auch heute noch mein Hauptbestreben. Seit 2003 befasse ich mich überwiegend mit Berittpferden, die sich zur Ausbildung bei uns

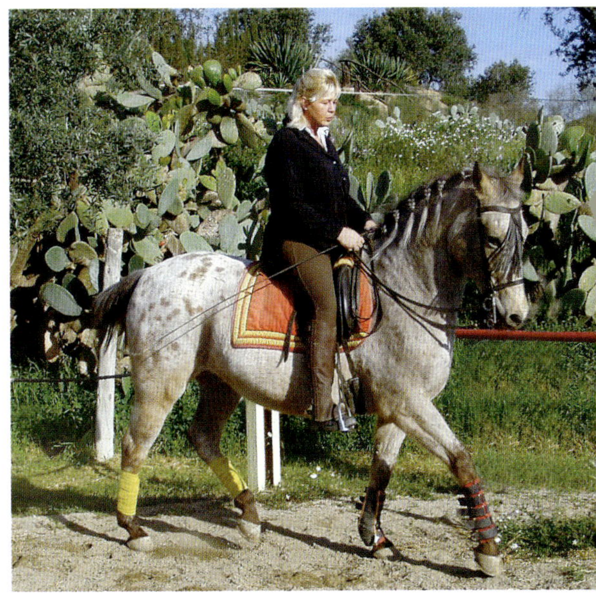

Wallach Bertín und die Autorin im versammelten Trab

befinden. Meist sind dies Hengste. Ob anreiten oder perfektionieren bis zur Hohen Schule – all dies machen wir hier mit Leidenschaft und Liebe zum Pferd und einem sehr großen Wissens- und Erfahrungspotenzial. Neben dem Beritt befasse ich mich auch mit dem Verkauf spanischer Pferde überwiegend nach Deutschland, der Schweiz und Österreich.
Seit 2007 habe ich die spanische Staatsbürgerschaft angenommen und bin voll etabliert hier in unserer schönen Provinz Almería. Meinen mittlerweile pensionierten Wallach Rociero habe ich übrigens immer noch, er freut sich seines Rentnerdaseins. Er ist jetzt 26 Jahre alt.
Dieses Buch schreibe ich für Sie und Ihr Pferd. Für ein besseres Verständnis, für mehr Liebe zum Pferd und auf dass es alle Pferde in Zukunft besser haben werden mit ihren Reitern.

Der Reitanfänger

Der schlechteste Weg, mit dem Reiten zu beginnen, ist meiner Meinung nach das Abteilungsreiten.
Der ahnungslose Anfänger, der seine Liebe und Leidenschaft zur Reiterei und somit auch zum Pferd entdeckt hat und nun gerne das Reiten erlernen möchte, geht motiviert in den nächstgelegenen Reitstall und meldet sich zur Anfängerstunde an.

Gestiefelt, aber nicht gespornt ...

Frisch ausgerüstet mit neuen Reitgummistiefeln oder kurzen Lederchaps, Reithosen und Kappe, geht er frohen Mutes zur besagten Stunde das erste Mal auf sein Lehrpferd zu. Im Idealfall wird ihm zumindest von Anfang an der Grundumgang mit dem Pferd erklärt. Das Putzen und Satteln des Reittieres sollte auch dem Reitanfänger von vornherein gezeigt werden.
In der Regel sieht das aber aus Zeitgründen ganz anders aus. Das Schulpferd steht bereits gesattelt vor ihm, er darf es in die Halle führen, befindet sich dann mit weiteren neun Reitern in der Mitte der Reitbahn. Beim Aufsitzen bekommt er noch Starthilfe, dann aber sitzt er hoch oben auf dem Ross, und schon reitet die ganze Abteilung los. Meist ist der Anfänger in dieser Abteilung das Schlusslicht, er muss sich hinter dem neunten Reiter einsortieren und einfach mitreiten.

P.R.E. Hengst Señorito beim Koppelgang

Mehr Frust als Lust

Die erste Stunde endet so meist ziemlich frustrierend. Man schaut auf die anderen Reiter, die oft schon etwas fortgeschrittener sind, erhofft sich, dort etwas abgucken zu können, wartet gespannt auf die Anweisungen des hoffentlich kompetenten Reitlehrers. Dieser steht meist in der Mitte der Bahn und wirft im Reiterfachjargon mit Beschreibungen herum, die der Reitanfänger noch gar nicht kennt und somit deren Bedeutungen nicht versteht. Das Umsetzen in die Praxis wird deshalb zum Desaster.
Im schlimmsten Fall muss der Reitlehrer auch noch seine Stimme heben, weil man ihn sonst nicht verstehen würde, was wiederum eher nach diktatorischem Drill aussieht als nach einem pädagogisch geschickten und einfühlsamen »Lehren«.

Schulpferde haben es schwer

Das bemitleidenswerte Schulpferd wird unwissend gequält, die Wassertrense in seinem Maul schmerzt es, weil der Reitanfänger meist versucht, sich an den Zügeln festzuhalten. Die Ausbinderzügel zwingen das Pferd, in korrekt vorgeschriebener Haltung zu laufen.
Die meisten Schulpferde leiden unter chronischen Muskelverspannungen, Wirbelsäulenproblemen und schmerzenden Gelenken an den Extremitäten.
Ganz zu schweigen von dem schmerzenden Rücken, wenn der Reitanfänger verzweifelt versucht, im Abteilungstrab durchzuhalten, dem Tier dabei unsanft in das Kreuz plumpst und ihm somit jeglichen Spaß an weiteren Bewegungen nimmt.
Dem Reitanfänger selbst vergeht allerdings so oft auch die Freude am Reiten, muss er doch nach der ersten Reitstunde dieser Art feststellen, dass Reiten, wenn man es nicht beherrscht, äußerst schmerzhaft sein kann für jede einzelne Körperpartie.

Was einen guten Reitlehrer ausmacht

Der Unterricht sollte auf jeden einzelnen Reitanfänger optimal abgestimmt sein, will heißen, dass ein guter Reitlehrer sehr schnell merken wird, was er Ihnen schon zumuten kann und was nicht. Je nach Ihrer persönlichen sportlichen Veranlagung wird er Ihnen passende Übungen anweisen, die Sie auch schon realisieren können.
Wenn Sie ein ängstlicher Typ sind, wird die erste Stunde zunächst im Schritt durchgeführt, mit kurzen Trabpassagen im Wechsel.

Mein Tipp

Wenn Sie mit dem Reiten beginnen möchten, scheuen Sie bitte keine Mühe und keine Kosten, um einen vernünftigen Reitlehrer zu finden, der bereit ist, Ihnen Einzel-Longenstunden anzubieten.
Sicher wird diese Form des Unterrichtes wesentlich teurer werden als das 10-Stunden-Abo für das Abteilungsreiten. Aber diese Investition wird sich lohnen, denn Sie werden früher zum Ziel gelangen. In einer Einzel-Longenstunde hat der Reitlehrer nur ein Auge für Sie. Für eine Stunde haben Sie die Garantie, dass Sie bestmögliche Anweisungen erhalten werden und dass man sich nur um Sie kümmert.

Ihre Sicherheit hat Vorrang vor allem anderen. Sind Sie eher mutiger, wird man Ihnen sicher auch schon etwas kniffligere Übungen zeigen, um Sie vernünftig, aber zügig zu fördern.

An der Longe

Die Einzel-Longenstunde sollte so gestaltet sein, dass der Reitanfänger zunächst einmal Gelegenheit hat, sich mit dem Pferd vertraut zu machen, seine Bewegungen zu erfühlen, ein Gespür für den Rhythmus in den einzelnen Gangarten zu bekommen.
Das Wichtigste: das Erlernen des Gleichgewichthaltens hoch zu Ross.
Zügel sollte der Reitanfänger zumindest in den ersten 20 Stunden gar nicht in die Hand bekommen. Ein verantwortungsbewusster Reitlehrer, der wirklich auch mit

Leib und Seele Leidenschaft für die Pferde hat, wird Ihnen diese auch gar nicht erst anbieten.

Keine unnütze Zirkusakrobatik

Gymnastische Übungen zu Pferde sind nicht dazu da, Sie zu schikanieren. Im Gegenteil, es gibt keinen besseren Weg, Ihnen ein gutes Gleichgewichtsgefühl zu Pferde beizubringen. Denn wenn der Tag kommen wird, an dem Sie in der Lage sein werden, im Schritt, Trab und Galopp freihändig mit links und rechts horizontal weggestreckten Armen reiten zu können, haben Sie schon mal die allerbesten Voraussetzungen erreicht, ein perfekter Reiter zu werden. Denn dann haben Sie gelernt, sich zügelunabhängig auf dem Pferd halten zu können, haben gelernt, weich in den Sattel einzusitzen, ohne dem Tier das Kreuz durchzubrechen.

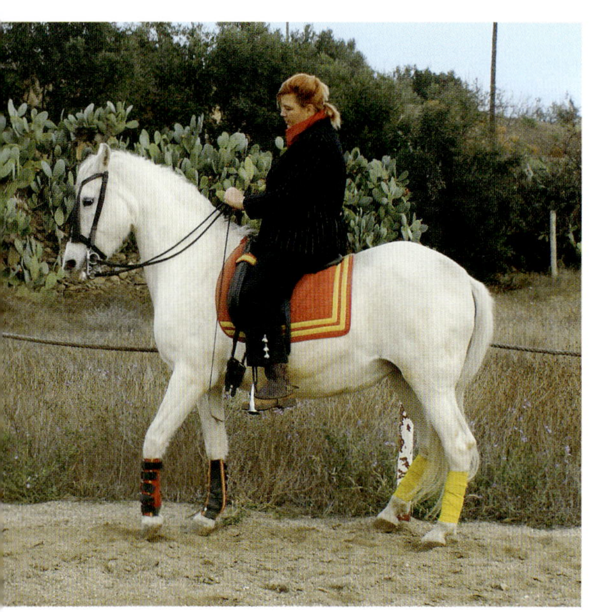

Perfekt im Gleichgewicht mit dem Pferd, Harmonie pur – Stute Ladie und die Autorin

Ihr Lehrpferd wird dann ebenso Spaß haben, mit Ihnen zu arbeiten. Denn die Reitkunst ist nur als eine solche zu verstehen, wenn Reiter und Pferd sie gleichermaßen genießen und Freude daran haben.

Reiten müssen Sie immer noch selbst

Sollten Sie nun also irgendwo Ihren optimalen Reitlehrer gefunden haben, halten Sie ihn sich warm. Sie sind selten zu finden. Und denken Sie bitte an eins: Reiten ist ein Sport, genauso wie z. B. der Tennissport. Ihr Reitlehrer kann Sie anweisen, Ihnen Tipps geben und fördern, aber reiten lernt man nur durch reiten, immer wieder. Und erwarten Sie nicht, dass Sie alle Anweisungen immer gleich absolut perfekt umsetzen können.

Wenn Sie den Tennisschläger in der Hand haben und den Ball schlagen müssen, so ist das Ihre Aufgabe, Ihr Lehrer kann das nicht für Sie erledigen. Ebenso ist es mit dem Reiten; reiten und umsetzen der Anweisungen müssen Sie selbst. Sie müssen selbst lernen, zu erfühlen, wie man welche Muskulatur anspannen und wieder lockern muss, das nimmt Ihnen kein Lehrer der Welt ab.

Und noch eine Bitte: Ihr Schulpferd leistet Großartiges, es gibt sicher kein schwereres Los für ein Pferd, als Reitanfänger auf seinem Rücken dulden zu müssen, und meist sind diese Pferde auch noch die bravsten und gutmütigsten Tiere, zu denen Sie volles Vertrauen haben können. Bemühen Sie sich also, so weich wie möglich in den Sattel einzusitzen, Ihr Lehrpferd wird Ihnen dankbar sein dafür.

Das Pferd – Ihr Partner

Anatomisch gar nicht dazu ausgelegt, Lasten zu tragen, verhilft dieses Tier uns doch immer wieder dazu, unsere sportlichen Ambitionen ausleben zu können. Zeigt es uns doch stets aufs Neue durch seine Treue und Güte, wie schön es ist, einen solch engen Kontakt zu einem Tier zu pflegen. Tiefe Dankbarkeit sollten wir empfinden, wenn uns ein durchschnittlich 500 Kilogramm schweres Pferd gestattet, auf seinen Rücken zu steigen.
Was könnte es alles mit uns machen, wenn es nur wollte oder auch nur im Ansatz ein hinterlistiges Tier wäre!

Hochgespannte Erwartungen

Wir erwarten sehr viel von unserem Pferd, verlangen ihm absoluten Gehorsam ab, wünschen uns beim Reiten von ihm, dass es weder mit dem Kopf schlägt noch den Schweif nervös hin und her bewegt. Dass seine Schritte raumgreifend sind, der Takt und Rhythmus perfekt sind, seine Biegung vorzüglich, natürlich auf beiden Händen und, und, und ...
Haben Sie eigentlich mal Ihr Pferd gefragt, was es von Ihnen erwartet? Lassen Sie uns mal ehrlich darüber nachdenken, welche Eleganz wir auf dem Pferde vorweisen.
Sind Sie sich sicher, das Sie sich schön biegen können, wenn es auf den Zirkel geht? Sind Sie selbst leichtfüßig und elegant, wenn Sie beispielsweise joggen gehen? Haben Sie nur einmal Ihr Pferd gefragt, ob es ihm wehtut, wenn es überbogen wird in solchen Übungen? Suchen Sie die Schuld für misslungene Lektionen bei sich selbst oder meistens beim Pferd? Hinterfragen Sie dies bitte einmal für sich selbst.

Fehler macht meist der Reiter

Fakt ist, das ich in meinem bisherigen Leben mit Pferden und Reitern Folgendes feststellen konnte:

- Selbstüberschätzungen fast aller Reiter bezüglich ihres eigenen, reiterlichen Könnens.
- Schuldzuweisungen an das Pferd, unberechtigterweise.
- Es wird zu Hilfszügeln gegriffen, die nicht sein müssten, wenn der Reiter besser wäre.
- Zu 99 % trägt der Reiter die Schuld bei auftretenden Fehlern.

Das ist die traurige Bilanz meiner Beobachtungen. Die meisten Reiter können aber gar nicht wirklich etwas dafür, ihnen fehlt einfach nur ein besserer Unterricht. Sie bekommen es ja so vorgemacht: So sieht Reiten aus, mit losen, flatternden Fußgelenken, die dem Pferd ständig in die Seiten klopfen, mit nach außen weggestreckten Fußspitzen, offenen, losen Knien, fest angenommenen Zügeln, verkrampften Zügelfäusten, einer starren Oberkörperhaltung ohne jegliche Geschmeidigkeit.
Sollten Sie sich in dieser Beschreibung teilweise oder sogar ganz wieder finden, wird Ihnen dieses Buch sicher weiterhelfen, um einige neue Erkenntnisse zu erhalten und Wege zu finden, wie Sie all diese eingeschlichenen Fehler eventuell sogar rasch beseitigen können.

Das Selbstwertgefühl des Reiters

Es ist ganz besonders wichtig, dass Sie selbst an sich glauben. Wenn Sie schüchtern und scheu auf dem Pferd sitzen, werden Sie Ihr Reittier kaum davon überzeugen können, dass Sie weitere Übungen ernst meinen.

Langsam an Sicherheit gewinnen

Nun ist das so eine Sache, selbstverständlich kann man als Reitanfänger dieses gute Selbstwertgefühl nicht gleich entwickeln. Am Anfang macht man viele Fehler, das ist verständlich. Aber mit der Zeit werden Sie immer sicherer zu Pferde werden, Sie werden Lust auf mehr bekommen. Kniffligere Lektionen reizen Sie, und wenn Sie dann in die Sparte dieser fortgeschrittenen Reiter aufgestiegen sind und Sie auch das nötige Talent besitzen, dürfen Sie auch ruhig voller Energie und Leidenschaft den neuen Übungen entgegensehen. Immer verbunden mit der Geduld, die beim Reiten ständig erforderlich ist, denn schließlich gehört das Pferd auch dazu.

Was Sie Ihrem Pferd vermitteln

Aber Ihre persönliche Aura sollte dem Reittier schon vermitteln, dass Sie nun gerne Neues dazulernen möchten. Je fröhlicher und selbstbewusster Sie da vorgehen, umso besser wird auch Ihr Reitpferd mitarbeiten. Verbissene und verkniffene Reiter, die alles mit dem Brecheisen erzwingen wollen, werden selten belohnt durch ein williges Pferd. Falscher Ehrgeiz wirkt sich auf sensible Tiere sehr negativ aus. Ebenso wird der scheue, nicht an sich glaubende Reiter kaum große Fortschritte erzielen. Sie sollten das gute Mittelmaß wählen.

Das Reiten verschiedener Pferde

Als Reitanfänger fährt man sicher gut damit, zunächst einmal immer dasselbe Tier zu reiten. Dadurch erhalten Sie Vertrauen zu dem Pferd, Sie fühlen sich wohl und kennen Ihren Partner Pferd mit jedem Tag besser. Aber irgendwann kommt der Zeitpunkt, an dem Sie unbedingt lernen sollten, auch andere Pferde zu reiten, denn nicht jedes Tier ist gleich. Als Privatmann ohne eigenes Pferd ist dies aber relativ schlecht zu verwirklichen.

Eventuell wäre eine Reitbeteiligung eine gute Möglichkeit für Sie. Zunächst mal für ca. drei Monate, danach könnten Sie sich wieder eine neue Reitbeteiligung suchen. Das wäre zunächst einmal eine Lösung, um auch mal auf ein anderes Pferd zu kommen. Gegen Kostenbeteiligung bieten viele Pferdebesitzer so etwas an. Fragen Sie den Besitzer, ob Sie mit dem Pferd eventuell auch beim Vereinsunterricht teilnehmen könnten, damit Sie nicht so alleine vor sich hin reiten, ohne Ziel und Plan.

Andere Privatleute, die das Glück haben. ein eigenes Pferd besitzen zu dürfen, kennen sicher weitere Pferdehalter. Es wird den Erfahrungsschatz bereichern. Und das kann nie verkehrt sein.

Der fortgeschrittene Reiter

Sie sind bereits ein fortgeschrittener Reiter, haben aber das Gefühl, dass Sie sich immer im Kreis drehen, stehen geblieben sind bei Ihrem Bestreben, noch besser zu reiten, und kommen einfach nicht vorwärts? Und obwohl Sie schon hundertmal gehört haben, dass Sie mehr mit Ihren Schenkeln arbeiten müssten, Ihre Kreuzhilfen zu schwach seien, Ihr Oberkörper zu weit nach vorne gebeugt sei, beim Reiten Ihre Schultern hängen würden, wissen Sie dennoch nichts mit diesen Aussagen anzufangen? Die üblichen Kommandos Ihres Lehrers wie z. B.: Absatz tief, mehr Schenkelhilfen, tiefer durch die Ecken reiten, helfen Ihnen nicht wirklich weiter? Dann wird es Zeit für Veränderungen.

Stillstand macht sich breit

Sie werden noch Jahre so weiter reiten wie zuvor und es wird sich nur durch Ihre persönlichen Anstrengungen möglicherweise etwas verändern. Vielleicht aber auch nicht. Es ist sehr wahrscheinlich, dass der Mangel am Vorwärtskommen durchaus nicht einzig und alleine an Ihnen liegt, sondern es fehlen Ihnen einfach bessere, verständlichere Anweisungen und Tipps, wie Sie Ihr Können verbessern können.

Warum klappt es einfach nicht?

Sie hören: »Ecken ausreiten« – aber wie denn?, fragen Sie sich dann. Das Kommando »Absatz tief« bleibt Ihnen zehn Sekunden im Ohr, dann reiten Sie genauso wie vorher. Man kann nicht nur alleine den Absatz korrigieren, sondern der gesamte Reitersitz muss neu durchkorrigiert werden. Oberflächliche Anordnungen bringen wenig Erfolg.

Sie bewundern im Stillen andere Reiter, die mit ihren Pferden durch die Bahn tanzen, ohne dass Sie die reiterlichen Hilfengebungen nachvollziehen können? Da reitet ein Reiterkollege an Ihnen vorbei, geht auf den Zirkel und vollführt einen perfekten fliegenden Galoppwechsel, obwohl Sie die Hilfen dazu gar nicht sahen. Sehnsucht macht sich breit und der Gedanke »Das würde ich auch gerne mal so können!«. Sie sehen Pferde, die wunderschön gebogen mit ihren Reitern durch die Ecken tanzen, fast schwebend in ihren Bewegungsabläufen sind –

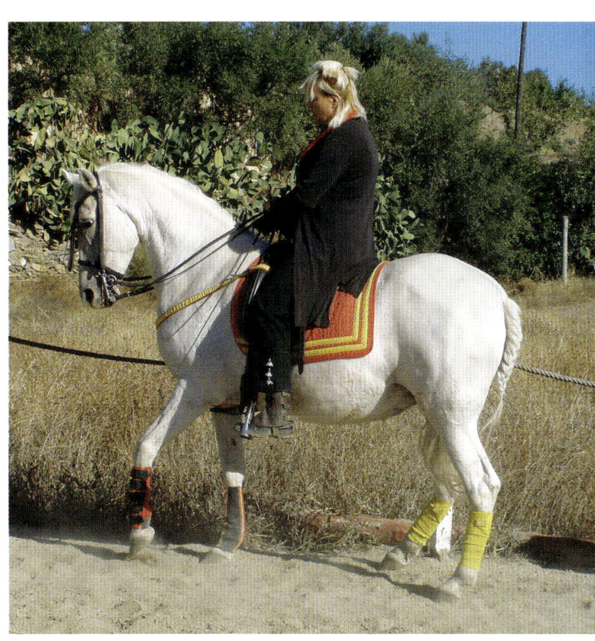

Es ist ein langer Weg bis zur perfekten Reitkunst.

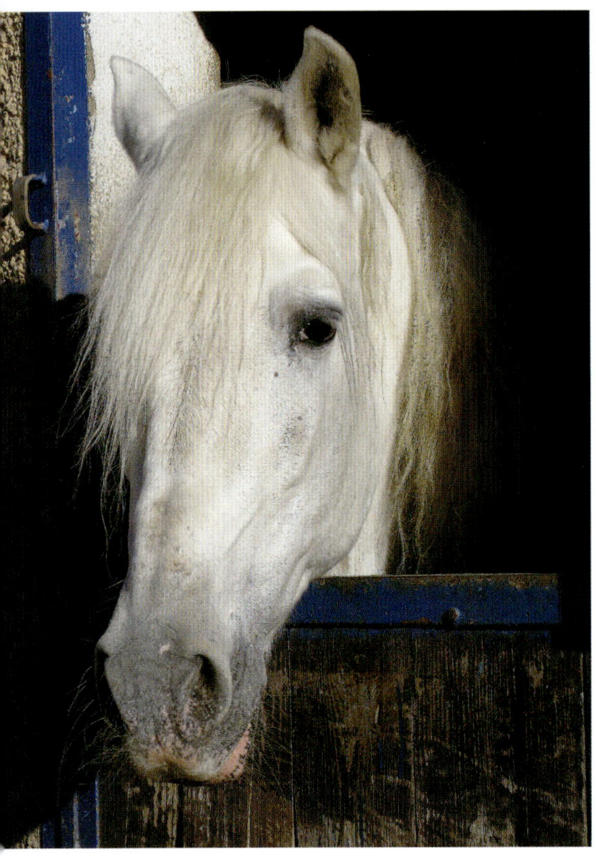

Ein glücklicher Hengst in einer Außenbox

und der Reiter sitzt obendrauf in völliger Vereinigung mit dem Tier.
Sie fragen sich, wie eine solche Verschmelzung von Mensch und Pferd möglich ist. Ihr Ehrgeiz ist groß, aber Sie werden immer wieder gebremst, weil Ihnen keine Wege zu diesem Ziel aufgezeigt werden.

Am Pferd liegt es nicht

Missmutig denken Sie an Ihr Lehrpferd, von dem Sie glauben, dass es eine solche Perfektion an Eleganz, Biegung und Grazie niemals erreichen werde. Aber weit gefehlt. Die meisten Pferde sind durchaus in der Lage, bei einem guten Training weiterzukommen. Auch hier hängt es wesentlich davon ab, wie sie trainiert werden und von wem. Sie suchen verzweifelt nach einem anderen Lehrer und besseren Anweisungen? Glauben Sie mir, Ihr Pferd hat sicherlich den gleichen Wunsch.
Sie sind ein fortgeschrittener Reiter mit eigenem Pferd? Und nun denken Sie, alles liege an Ihrem Pferd. Mit einem neuen, anderen Pferd, vielleicht einer anderen Rasse, würde alles besser gehen. Auch hier bremsen Sie sich bitte zunächst einmal etwas. Wenn Sie selbst keine Eleganz in Ihrem Reitstil vorweisen, können Sie das auch von Ihrem Pferd nicht erwarten.
Nicht immer ist die Lösung der Kauf z. B. eines Andalusiers, Lusitanos oder einer sonstigen Pferderasse, der diese Grazie nachgesagt wird. Sicher mag manches einfacher sein mit solchen Pferderassen, aber auch das Warmblut, der Haflingermix oder Hispano-Araber vermag Großes zu vollbringen – wenn man es doch nur ließe.
Man sollte nur immer die Physiologie jedes einzelnen Pferdes beachten und berücksichtigen. Dass beispielsweise ein Pferd, das im Rücken eher lang gebaut ist, mit höchster Wahrscheinlichkeit etwas länger Zeit braucht, um versammelt arbeiten zu können, ist mehr als wahrscheinlich. Ein Pferd, das in den Ganaschen zu eng veranlagt ist, lässt sich nicht so leicht durch das Genick arbeiten, es wird also mehr Körperdurchspannungsarbeit vom Reiter erfordern, was durchaus anstrengend sein kann. Aber aus jedem Pferd lässt sich etwas machen, glauben Sie mir.

Der Reitersitz in der Bewegung

Dass ein Reiter auf seinem Pferd eine gerade Linie bilden soll, wissen wir nun ja schon alle aus anderen Reitlehren.
Schultern, Ellbogen und Absatz bilden eine senkrechte Linie. Daran ist nichts auszusetzen, und es soll auch so sein.
Aber sobald sich das Pferd in Bewegung setzt, werden die meisten Reiter feststellen, dass sie beginnen, gewaltig von dieser Ideallinie abzuweichen.

Ein Fehler zieht den nächsten nach sich

Das Pferd läuft los, im Schritt, und schon passiert der erste Fehler: Der Reiter treibt mit dem Absatz, indem er diesen hochzieht und dem Pferd regelmäßig sanft oder sogar energischer damit in die Rippengegend drückt.
Meist fällt der Reiter dabei auch noch mit dem Oberkörper nach vorne, vielleicht nur ganz leicht, aber das reicht schon, um Fehler Numero zwei zu verbuchen. Der Oberkörper und das Gesäß können nicht mehr fein auf das Pferd einwirken.
Die Knie liegen mittlerweile auch nicht mehr fest geschlossen am Sattelblatt. Damit hätten wir den dritten Fehler.
Eine Verschmelzung mit dem Pferdekörper ist nun überhaupt nicht mehr möglich, so geht es also nicht weiter. Der nächste Fehler wäre, beim Anreiten im Schritt den Oberkörper zurückzulegen, man blockiert damit die freie Arbeit des Pferderückens oder schiebt das Pferd damit sogar so vorwärts, dass es viel zu schnell wird.

Um all diese Fehler zu korrigieren, müssen wir zunächst einmal Folgendes bedenken:

Der Absatz macht kein Reiterbein

Wussten Sie, dass

- Sie außer dem Unterschenkel auch noch einen Oberschenkel besitzen?
- Sattelblätter und Sättel generell extra so gemacht wurden, dass das Reiterknie sanft an ihren Pauschen angeschmiegt ist, und zwar ständig?
- Reithosen nicht umsonst im inneren Schenkelbereich Lederbesatz haben, damit dieser am Sattel bleibt?
- es außer Kreuzhilfen auch noch Schulter- und Bauchmuskeln gibt, die unbedingt zur reiterlichen Hilfengebung dazugehören?

Kein »Hackenpumpen«!

Ich glaube, der gröbste Fehler in der vorhin aufgelisteten Fehlerkette ist diese permanente Absatz-Hochzieherei.
Nun werden Sie sich sagen: »Ja, aber mein Pferd läuft anders doch gar nicht vorwärts.« Das mag möglich sein, wenn es von Anfang an daran gewöhnt wird, durch »Hackenpumpen« vorwärtszugehen. Das Pferd stumpft so nämlich sehr schnell ab und braucht diese grobe Anreithilfe.
Nur mal aus Interesse an der Sache sollten Sie aber Ihr Pferd, falls Sie ein eigenes besitzen, von einem richtig guten Dressurprofi reiten lassen. Schauen Sie mal zu, ob Ihnen eine Veränderung auffällt. Ich bin mir sehr sicher, dass Sie Bauklötze staunen werden.

Reiten mit dem gesamten Körper

Sie erwarten von Ihrem Pferd, dass sein kompletter Körper schwungvoll in allen Lektionen mitarbeitet. Erwarten Sie dies bitte auch von dem Ihrigen.
Ich möchte Ihnen in diesem Kapitel Wege nahebringen, Ihren eigenen Körper beim Reiten mal richtig durchzufühlen. Machen Sie einmal folgende Übung:

Prüfen und »erfühlen« Sie Ihren Sitz

Setzen Sie sich auf Ihr Pferd und reiten Sie es im Schritt an. Versuchen Sie nun durchzufühlen, welche einzelne Muskulatur Sie dazu benutzen. Überprüfen Sie, mit wie viel Druck Sie Ihren Fuß im Steigbügel haben, schielen Sie mal nach unten, ob Ihr Knie am Sattel liegt, in welcher Position Ihre Fußspitzen stehen, und lassen Sie sich von einem Bekannten sagen, ob Sie beim Treiben Ihren Absatz hochziehen. Eine Oberkörperbeurteilung durch eine andere Person wäre auch hilfreich. Meist erkennt man eigene Fehler nur sehr schlecht alleine.
Falls Sie dabei nun festgestellt haben, dass Ihr Anreiten einige Defizite aufweist, und Sie sich in den beschriebenen Fehlern wiedererkennen, sollten Sie interessiert weiterlesen.

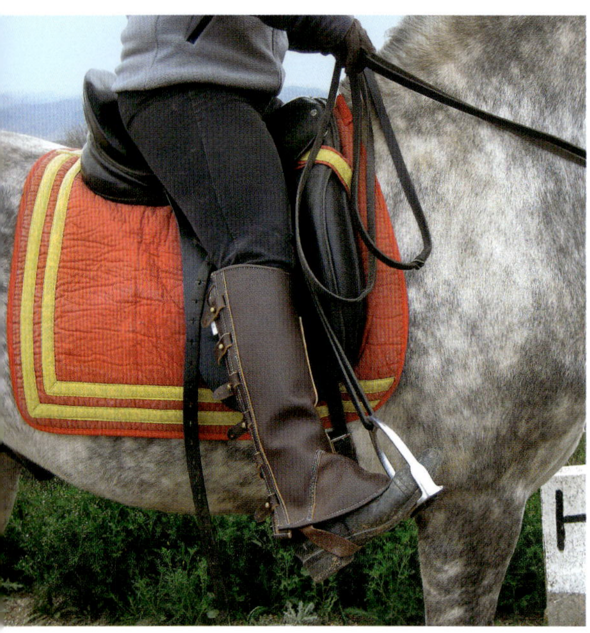

Das fehlerhafte Vorstrecken des Reiterbeines

Übung für »lose Knie«

Stellen Sie sich einmal vor, Sie müssten auf einem Balken oder auf einer Mauer sitzen, mit frei herunterhängenden Beinen, und hätten dabei einen, z. B. mit Watte ausgestopften, Sack zwischen den Knien. Nun sollen Sie dafür sorgen, dass dieser Sack nicht herunterfällt. Sie müssen ihn also mit Ihren Knien festhalten. Probieren Sie das mal aus.

Übung gegen nach außen gedrehte Fußspitzen

Laufen Sie einmal ganz normal auf dem Boden. Beobachten Sie dabei Ihre Fußspitzen – zeigen sie beim Laufen jeweils nach außen? Sicher nicht. Kaum aber sitzen Sie auf dem Pferd, drehen sie sich unschönerweise nach außen weg. Das Warum sollten Sie in der Haltung Ihrer Knie suchen. Sobald das Knie lose ist und nicht mehr am

Sattel anliegt, machen Ihre Fußspitzen automatisch diese Außenposition mit.
Hilfe für dieses Problem: den kompletten Reiterschenkel mal vom Sattel wegnehmen und neu anlegen. Greifen Sie mit einer Hand hinter Ihren Oberschenkel, heben Sie ihn innen etwas an, bevor Sie Ihr Bein erneut an den Sattel anlegen. Achten Sie darauf, dass Ihre Knie nun absolut geschlossen an den Sattelpauschen liegen. Diese Übung müssen Sie oft wiederholen, um dafür ein Gefühl zu bekommen. Und ganz, ganz wichtig: Reiten Sie oft und viel ohne Steigbügel.

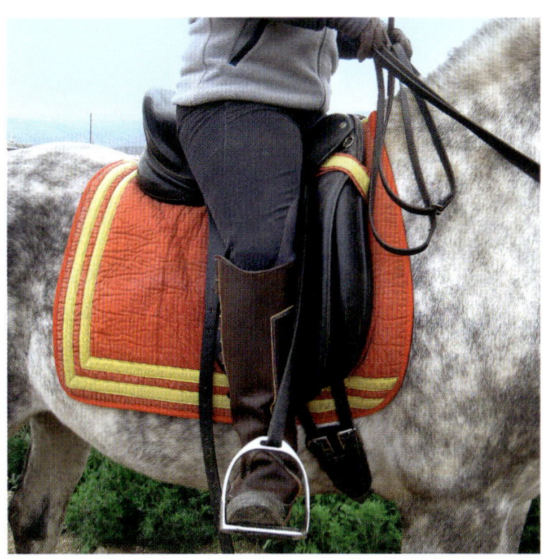

Das fehlerhafte offene, lose Knie

Gehen mit dem Wattesack

Noch eine gute Übung können Sie durchführen mit Ihrem Freund, dem Wattesack: Stellen Sie sich hin, klemmen Sie den Sack zwischen Ihre Knie und versuchen Sie mal ein paar Schritte damit zu laufen, ohne ihn zu verlieren. Das kann unmöglich gehen, wenn Sie Ihre Fußspitzen nach außen führen, denn dann wären ja auch Ihre Knie wieder »offen« und der Wattesack würde laut physikalischem Gesetz ganz schnell den Weg zum Boden finden, und da soll er nun ja wirklich nicht hin. Das hieße ja, Sie hätten Ihr Pferd »fallen lassen« wenn Sie jetzt reiten würden.

Die Reiterhaltung

Der Reitersitz soll tief sein, das Dressurbein lang, der Oberkörper gerade, der Kopf aufrecht. Ach, klingt diese Idealvorstellung schön. Wenn es doch nur so wäre ...
Erste Denkhilfe hierzu: Das Dressurbein kann nur lang sein, wenn der Oberkörper aufrecht ist und Ihre Schultern nicht herun-

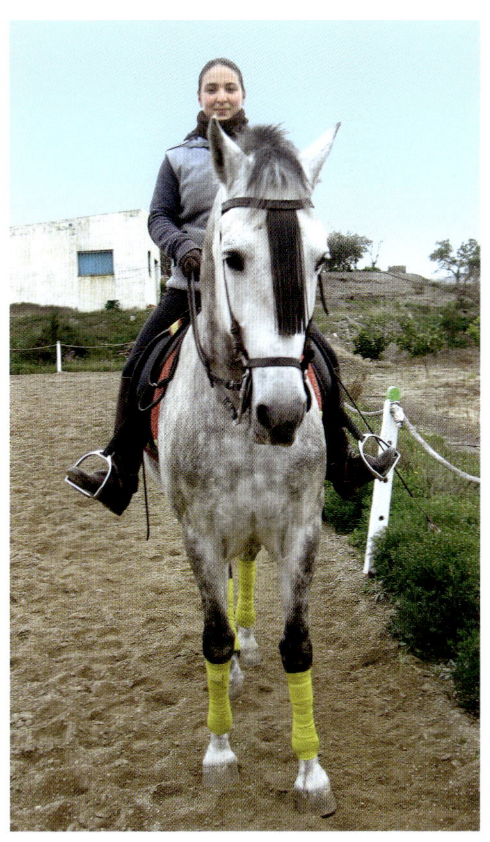

Das fehlerhafte Wegspreizen der Reiterschenkel

terhängen, als wollten Sie zu Ihrem eigenen Begräbnis gehen. Um einen guten Sitz zu erreichen, müssen Sie wieder Ihren kompletten Körper durchkorrigieren.

Übung – der Kistentest

Sicher haben Sie eine Getränkekiste im Haus – bitte mit vollen Flaschen, denn mit leeren Flaschen würden Sie schummeln und es würde Ihnen nicht weiterhelfen – gehen Sie also in die Hocke und heben Sie dann Ihre Getränkekiste hoch, aus den Knien heraus, nicht aus dem Kreuz. Bandscheibengeschädigte wissen hier nur zu gut, was ich meine.
Während des Hochhebens müssen Sie sich nun ganz genau konzentrieren. Versuchen Sie zu analysieren, welche Muskulatur Sie nun gerade anspannen, um die Kiste hochzubekommen. Laufen Sie nun 8–10 Schritte mit der Kiste und stellen Sie sie dann wieder ab. Beim Laufen werden Sie feststellen, dass Ihr Oberkörper aufrecht sein muss, Sie müssen Ihr Brustbein hochziehen und die Schultern hoch- und zurücknehmen, um die Kiste vernünftig tragen zu können.
Machen Sie den Test: Hören Sie mal eine Sekunde lang auf, Ihren Oberkörper durchzuspannen, und schon wird Ihnen die Kiste auf den Boden fallen.
Sehen Sie, und durch diesen Aha-Effekt möchte ich Ihnen verdeutlichen, wie Sie Ihr Pferd »fallen lassen« würden, wenn Sie Ihren Oberkörper nicht vernünftig durchspannen. Natürlich fällt Ihr Pferd dann nicht auf die Nase, es trägt sich ja Gott sei Dank noch selbst, denn wahrscheinlich hat es eine bessere Körperbeherrschung als die meisten Reiter – aber es käme sich ohne Ihren sanft durchgespannten Oberkörper doch recht hilflos vor.

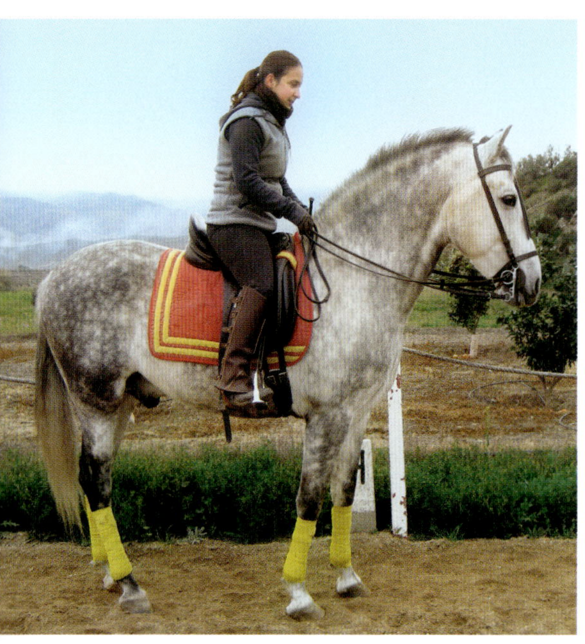

Das fehlerhafte Vorbeugen des Oberkörpers

... und nun zu Pferd

Wenn Sie sich nun also auf Ihr Pferd begeben, stellen Sie sich Ihre Getränkekiste vor, die Sie in der Hand halten. Und schon wird Ihr Oberkörper aufrechter, die Schultern gehen leicht hoch und zurück, Ihr Brustbein geht mit nach oben. Der Weg zum perfekten Sitz ist vorprogrammiert, nun heißt es kontinuierlich beim Reiten mit dieser Vorstellung weiterzuarbeiten. Aber bitte beachten Sie, dass die Zügel, die Sie nun in der Hand halten, nicht die Griffe der imaginären Getränkekiste sind – dann würden Sie Ihrem Ross nämlich das Maul zersäbeln!

Die zu weit vorgestreckten Arme

Ein weiterer Fehler, der dazu führt, dass Ihr Oberkörper nicht aufrecht bleibt, ist eine

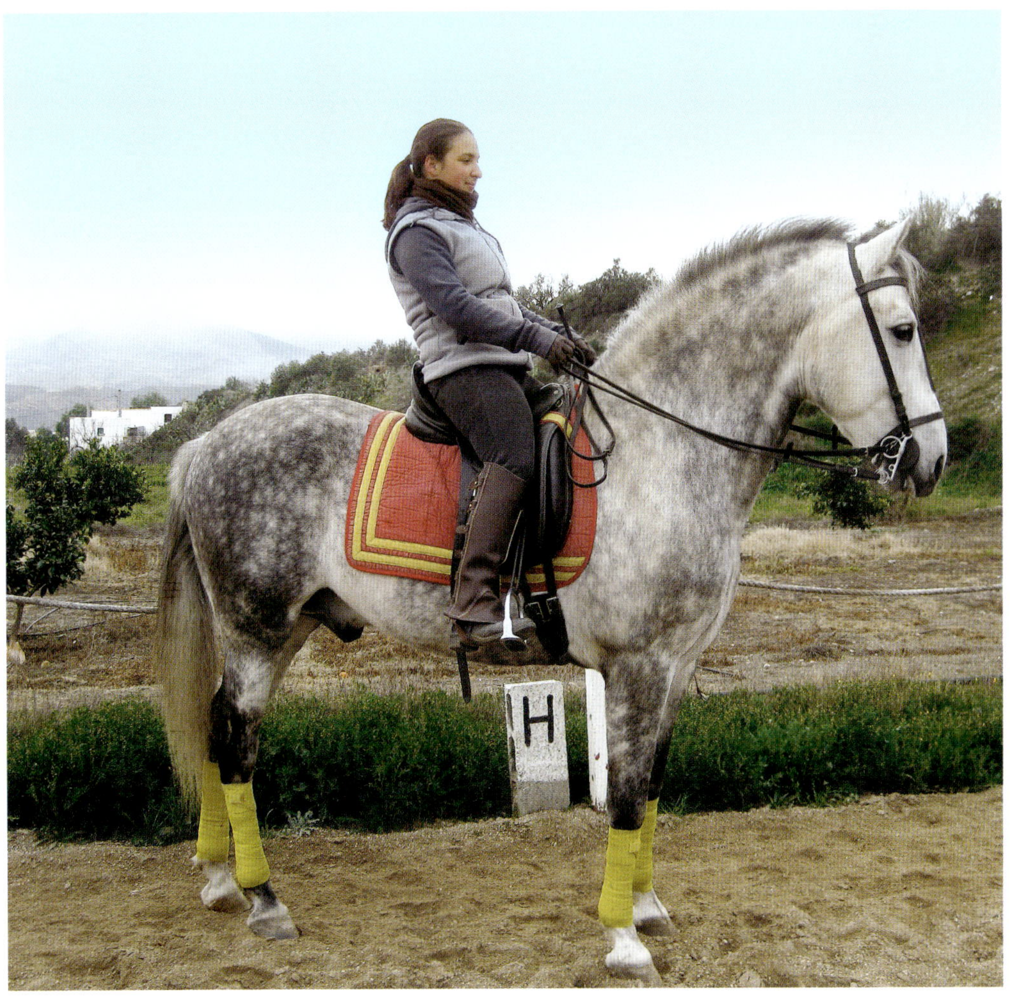

Das fehlerhafte Zurücklegen des Oberkörpers

vorgestreckte Reiterhand und lang gestreckte Arme.

Übung – breitere Handführung

Eine breitere Handführung – halten Sie Ihre Ellbogen in der Nähe Ihrer Rippenbögen und führen Sie nun Ihre Unterarme mal leicht nach außen weg.
Bleiben Sie dabei unbedingt ganz geschmeidig in Ihren Handgelenken, mit der Tendenz, immer wieder weich mit den Händen ein Stückchen nach vorne nachzugeben, ohne dabei Ihren Oberkörper vorzubeugen.
Das Brustbein bleibt dabei nach wie vor hochgezogen, die Schultern treiben von hinten nach vorne mit.
Lassen Sie sich von einem kundigen Reitkollegen dabei kontrollieren, er wird aufpassen, dass Ihre Handführung auch breit bleiben wird.

Das Pferd ist der Zug – Sie sind die Schiene

Für ein besseres Verständnis, wie hilflos sich ein Pferd fühlt, wenn es von Ihrem Körper nicht richtig geführt wird, ist folgende Vorstellung nützlich:
Malen Sie auf einem Blatt Papier zwei Schienen – also zwei gerade Striche –, in der Mitte malen Sie einfach mal einen Kreis. Stellen Sie sich nun vor, dass Ihre Reiterbeine die Schienen sind – also die geraden Striche – und Ihr Pferd der Zug, also der Kreis in der Mitte. Wenn Sie nun Ihre gemalten geraden Striche weitermalen, und zwar lassen Sie sie einfach links und rechts nach außen abweichen, kann Ihr Zug – Ihr gemalter Kreis – links oder rechts weglaufen, der Weg nach außen ist also frei.

Sie haben Führungsaufgaben!

Will heißen: In dem Moment, in welchem Sie Ihr Reiterbein öffnen, Ihre Knie nach außen aufmachen, ist Ihr Zug – in diesem Fall Ihr Pferd – schienenlos, völlig führungslos, es kann hin- und herpendeln, wie es will. Da dies in den meisten Fällen auch genauso geschieht, wird dieser Fehler kompensiert mit der Führung über die Zügel.
Jetzt beginnt der Moment, wo Sie Ihrem Pferd richtig wehtun. Sie versuchen, es mittels der Zügel auf dem Hufschlag zu halten. Das passiert meist durch mehr oder weniger starkes Ziehen im Pferdemaul. Eine ganz üble Methode ist noch das »Säbeln«, die Zügel kräftig links und rechts mit eingedrehten Fäusten hin- und herziehen.
Ich kann nur sagen: das arme Pferd. Wenn wir uns als Menschen schon erlauben, Pferden ein Gebiss ins Maul zu schieben, diese sich das auch noch gefallen lassen, sollten wir so ehrfurchtsvoll und fein damit umgehen wie möglich.
Stellen Sie sich mal vor, jemand würde das bei Ihnen tun. Ich wäre sehr gespannt zu sehen, wann Sie genug davon hätten, dass Ihnen laufend jemand den Kopf hin- und herziehen würde, noch dazu verbunden mit Schmerzen in Ihrem Mundbereich. Ich denke, ein Mensch würde das keine Minute über sich ergehen lassen, sondern heftig protestieren. Das Gebiss und die Zügel sind lediglich dazu da, feine Signale ans Pferdemaul zu senden, dem Pferd damit eine Hilfe zu geben, den Kopf gerade auszurichten und mit der Wirbelsäulenbewegung in Einklang zu bringen.
Auch hier bitte wieder einmal vorstellen: Der Pferdekopf ist der Zug und die Zügel sind die Schienen, lediglich zum sanften Führen gedacht, nicht aber zum Herumreißen des Pferdekopfes. Schienen reißen nicht an einem Zug, sie führen ihn.

Anlegen heißt nicht anpressen

Und jetzt kommt wieder das Erinnern an unseren Freund, den Wattesack: Egal, was Sie reiten wollen, Dressurlektionen, einen Geländeritt oder einen Sprung: Halten Sie sich immer vor Augen, dass Sie Ihre Beine nicht öffnen dürfen, denn sonst würde Ihr Zug entgleisen.
Verwechseln Sie aber das angelegte Reiterbein nicht mit einem Anpressen oder gar Einklemmen des Pferdeleibes.

Sie müssen Ihre Muskulatur immer nur ganz sanft anspannen und wieder lockern, spannen, lockern, spannen, lockern. Immer wenn das führende Hinterbein Ihres Pferdes antritt, müssen Sie spannen, wenn das führende nachfolgende Vorderbein seinen Schritt ausführt, wieder lockern. Es ist also kein Dauerpressen gemeint.

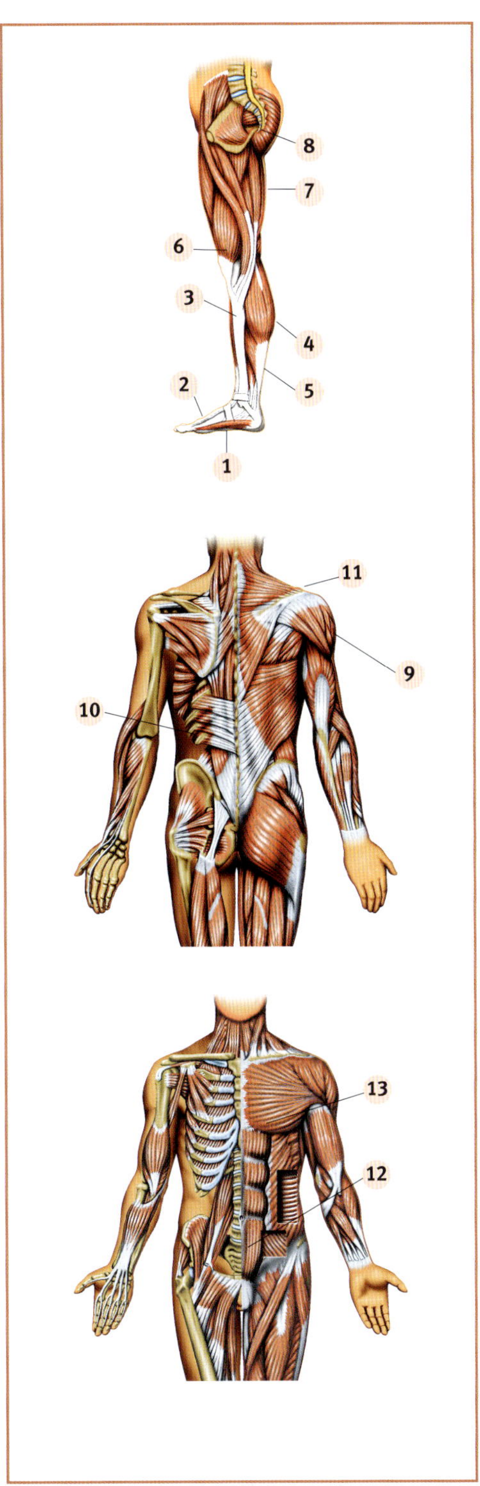

Übung – Muskeldurchspannung

Um diese sanfte Körperdurchspannung zu erreichen, versuchen Sie mal folgende Methode: Steigen Sie auf Ihr Pferd, setzen Sie sich aufrecht in den Sattel und legen Sie Ihre Knie mit sanfter Haftung an die Sattelpauschen. Eine Muskeldurchspannung ist sehr schwer zu erklären, daher für alle, die es gerne präzise haben, hier die fachmännische Bezeichnung für den jeweiligen einzelnen Muskel. Lassen Sie sich nicht erschrecken von den lateinischen Fachausdrücken.

Beginnen Sie jetzt bitte von unten nach oben mit der Muskulaturdurchspannung, und zwar so:

Fußmuskulatur

Spannen Sie zunächst Ihre Muskeln in der Fußsohle durch, und zwar nach oben. Sie brauchen den mittleren und den seitlichen Muskel. Überwiegend einzusetzende Fußmuskulatur:

1 M. abductor digiti minimi
2 M. flexor digitorum

Wadenmuskulatur

Danach geht die Spannung durch Ihren Unterschenkel, ebenso nach oben spannen. Sowohl durch den inneren als auch durch den äußeren Wadenmuskel. Überwiegend einzusetzende Wadenmuskulatur:

3 M. peronaeus longus
4 M. gastrocnemius
5 M. soleus

Knie- und Oberschenkelmuskulatur
Es folgt die Durchspannung des inneren und äußeren Seitenbandes in Ihren Knien. Danach geht es hoch zum Oberschenkel. Hier wird vermehrt der äußere Muskel gebraucht, der innere nur ganz fein.
Überwiegend einzusetzende Oberschenkelmuskulatur:
6 M. vastus lateralis
7 M. biceps femoris (caput longum)

Rumpfmuskulatur
Es geht weiter über die Gesäßmuskulatur:
8 M. glutaeus maximus

Danach spannt die Rückenmuskulatur mit:
9 M. deltoideus
10 M. erector spinale

Und der Schultermuskel:
11 M. trapezius

Und vergessen Sie bitte Ihre Bauchmuskeln nicht:
12 M. obliquus externus abdominis
13 M. pectoralis major

Die praktische Probe
Haben Sie nun alle Muskeln fleißig angespannt? Gut – nun legen Sie zum Schluss Ihre Knie mit sanftem Druck an den Sattel und lockern Sie sofort wieder alle Muskeln. Lassen Sie Ihr Pferd nun anschreiten, beim ersten Antritt der aktiven Hinterhand spannen Sie genau so wie beschrieben Ihre Muskulatur nach oben, und im nächsten Moment, wenn die Vorderhand einsetzt, lassen Sie wieder locker.
Dabei halten Sie Ihren Kopf bitte immer aufrecht und gerade. Bemühen Sie sich ganz besonders, Ihren Schultermuskel – (Trapezmuskel) mit einzubeziehen.

Kraftakte sind nicht nötig

Merken Sie etwas: So einfach ist das gar nicht mit dem richtigen Reiten! Sie werden, wenn Sie ab jetzt versuchen, so mit Ihrem Körper zu arbeiten, Muskelpartien feststellen, von denen Sie früher wahrscheinlich gar nicht gewusst haben, dass es diese alle gibt. Bitte bedenken Sie aber eines gleich vorneweg: Ich möchte hier keine Bodybuilder-Schulung zum Besten geben, sondern ich rede von einer ganz feinen, minimalen Durchspannung Ihrer Muskulatur. Denn wirklich Kraft brauchen Sie beim Reiten nicht einzusetzen, aber die richtige Technik im Anziehen der einzelnen Muskeln müssen Sie erlernen.

Das Mitschwingen der Hüften

Zu dieser Muskeldurchspannungstechnik kommen natürlich noch ganz viele Sachen hinzu: das sanfte Mitschwingen Ihrer Hüften, und zwar von hinten nach vorne, nicht zur Seite. Ich habe schon ganz viele meiner Schüler beobachten können beim seitlichen Hin-und-her-Wippen, wenn das Pferd im Schritt läuft. Der Reiter schwankt mit, wenn die Kruppe sich auf und ab bewegt – das darf nicht sein.

Beide Pohälften müssen gleichmäßig sanft durchgespannt sein, dann passiert Ihnen dieser Fehler auch nicht. Sitzen Sie einfach nur auf dem Pferd, ohne Ihre Gesäßmuskeln mit einzubeziehen, wackeln Sie automatisch hin und her, wenn sich das Pferd bewegt.
Kommen wir also noch mal auf Ihre Hüfte zurück; Sie sitzen ja auf einem Individuum, das sich vorwärtsbewegen soll. Wenn Sie passiv und starr darauf sitzen, kann von dem Pferd keine elegante Bewegung nach vorwärts erwartet werden. Eher blockieren Sie es in seinen Bewegungsabläufen.
Belasten Sie auch Ihre beiden Gesäßknochen gleichermaßen stark. Bei feinfühligen Pferden reicht es z. B. schon aus, nur etwas Druck wegzunehmen am linken Gesäßknochen – und schon könnte es passieren, dass das Pferd nach links weggeht, weil nun mit dem rechten Gesäßknochen Druck ausgeübt wird. Diese Problematik werde ich in einem späteren Teil dieses Buches noch vertiefen.

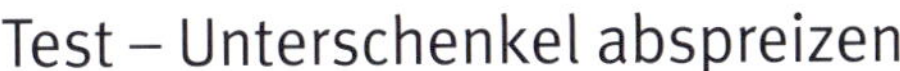

Test – Unterschenkel abspreizen

Schauen Sie bitte nicht auf den Boden beim Reiten, zumindest so lange nicht, bis Sie Ihren Körper perfekt beherrschen und jedes einzelne Körperteil unabhängig voneinander bewegen können.
Zur Selbstkontrolle dieser Körperteilbeherrschung machen Sie mal den Test: Wenn Ihre Knie fest am Sattel anliegen, können Sie dann Ihre Unterschenkel wegspreizen, ohne dass sich Ihre Fußspitzen dabei nach außen bewegen?
Versuchen Sie es mal. Sie bekommen einen Krampf in der Wade dabei? Oder Ihr Fußknöchel beginnt leicht zu schmerzen? Dann müssen Sie noch gewaltig daran üben.

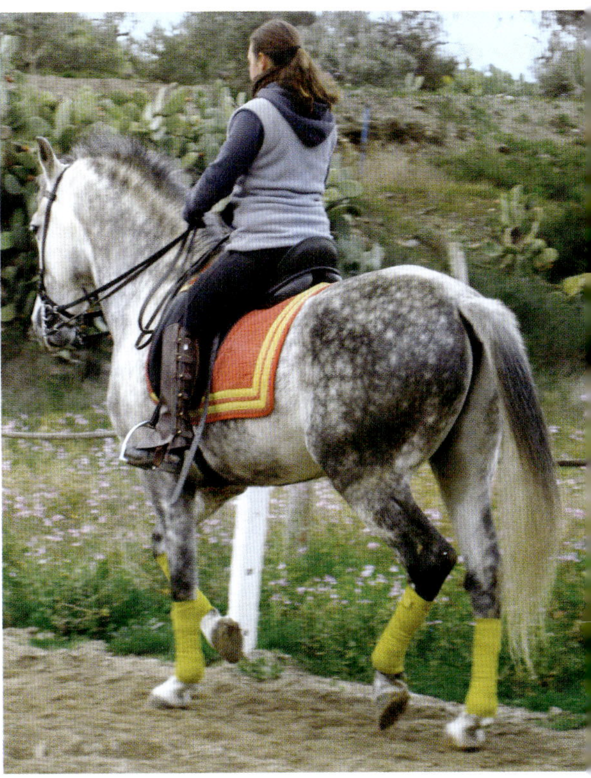

Der Reiterschenkel liegt weich am Pferd, der Sitz ist gerade, die Hüfte schwingt weich mit – P.R.E. Hengst Latino und Andrea Silvia Rey.

Kopf aufrichten und geradeaus schauen

Halten Sie also Ihren Kopf schön gerade, den Blick nach geradeaus gerichtet. Schauen Sie weit voraus in Ihrer Trainingsbahn. Wenn Sie Buchstaben auf Ihrem Reitplatz haben, fixieren Sie den in gerader Richtung am weitesten entfernt liegenden. Bei nicht vorhandenen Buchstaben fassen

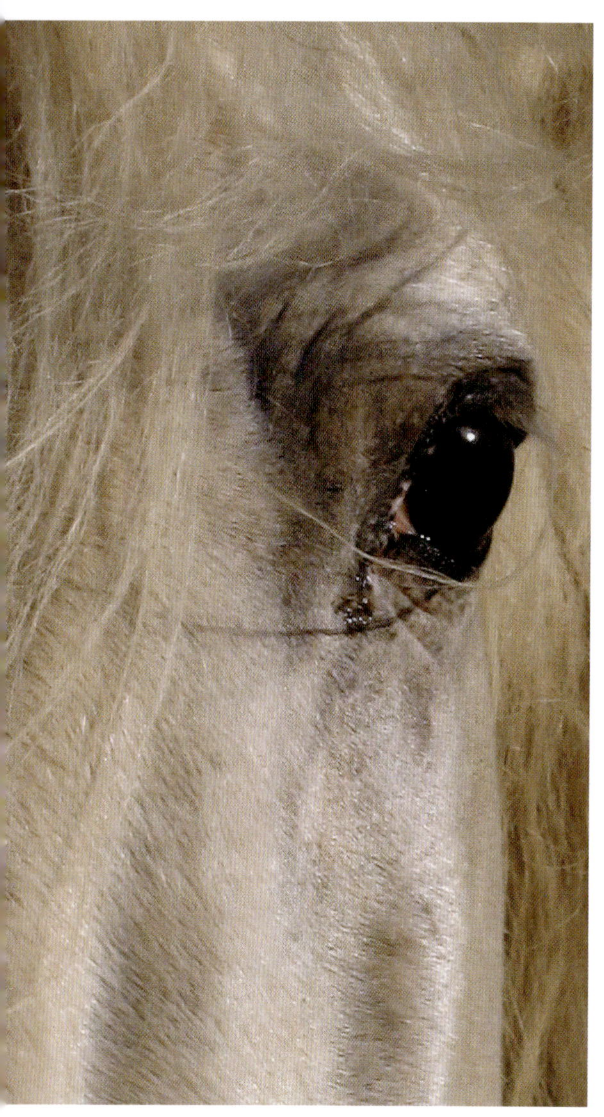

Pferdeaugen sind ehrlich und offen.

Sie einen bestimmten Punkt ins Auge, einen Strauch oder Busch, ein Geländer etc. Wenn Sie Ihren Kopf nämlich schön aufrecht tragen, fallen Sie auch nicht mit den Schultern nach vorne, das ist ein ganz wesentlicher Aspekt beim Reiten.

»Umbeinen« Sie Ihr Pferd

Ein weiterer Fehler, den viele Reiter machen, ist ein Anpressen der Oberschenkel. Das hat mit einer feinen Muskeldurchspannung nichts zu tun – im Gegenteil, Sie reiten sich völlig müde so. Ihre Beine werden anfangen zu zittern, weil Ihre Muskulatur überbeansprucht wird. Um dieses Problem in den Griff zu bekommen, stellen Sie sich einfach mal vor, dass Sie jemanden umarmen. Klemmen Sie dabei mit der Innenseite Ihrer Arme an der Person? Sicherlich nicht, sondern Sie umschließen bei der Umarmung den anderen Körper.

Genau das ist es, was Sie auf dem Pferd tun müssen, nur eben mit den Beinen. Ihre Beine umschließen den Pferdekörper einmal sanft, lassen dann wieder locker und umschließen noch einmal. Und immer so weiter.

Versetzen Sie sich in das Pferd

Eine weitere Übung, die Sie prima einmal mit einem Reitkollegen oder einer Reiterkollegin durchführen können: Eine Person geht mit allen vieren auf den Boden, der andere schwingt sich über seinen Rücken – bitte nicht draufsetzen, sondern nur mit der Innenseite Ihrer Knie den Kollegen an seinen Rippenbögen umschließen. Nun soll der andere mal versuchen, auf allen vieren einen Schritt zu laufen. Wenn Sie ihn richtig umschließen und gegen die Vorwärtsbewegung halten, kommt er keinen Schritt vorwärts. Machen Sie nun Ihre Muskulatur wieder locker, lassen Sie ihn einen Schritt nach vorne gehen und spannen Sie dann wieder an und umschließen ihn erneut. Merken Sie etwas?

Genauso können Sie ein Pferd zum Anhalten animieren, natürlich immer kombiniert mit den dazugehörigen Kreuz-, Schulter-, Bauch- und Brustbeinhilfen.
Nun möchten Sie, dass Ihr Reiterkollege nach rechts geht. Legen Sie also Ihr linkes Bein mit festerem Druck an seinen Körper und lassen Sie dafür Ihr rechtes Bein etwas lockerer. Führen Sie so Ihren Reiterkollegen nach rechts. Und dann das Ganze umgekehrt. Wenn Sie das alles richtig machen, hat Ihr Reiterkollege, der nun das imaginäre Pferd ist, gar keine andere Möglichkeit, als Ihrem Druck nachzugeben und dahin zu gehen, wohin er mittels Ihrer Beine geführt wird.

Öfter ohne Bügel reiten

Um Ihren Gesamtsitz zu verbessern, sollten Sie ganz oft ohne Bügel reiten. Schlagen Sie die Reitbügel entweder über, oder lassen Sie einfach mal ein paar Bahnrunden Ihre Füße aus den Bügeln, nehmen Sie dann die Bügel wieder auf. Wenn Sie dies oft wiederholen, werden Sie irgendwann feststellen, dass Ihnen Ihre Bügellänge gar nicht mehr korrekt vorkommt. Die meisten Reiter verlängern ihre Bügel nach dieser Erfahrung dann um ein oder zwei Löcher. Ihr Sitz wird einfach tiefer, die Beine scheinen länger herunterzuhängen und der Oberkörper wird größer und aufrechter.

Und immer locker bleiben!

Trotz allem, und das scheint mir das größte Problem bei allen Erklärungen, soll der Reiter jedoch immer geschmeidig und locker dem Bewegungsablauf des Pferdes folgen und sanft in der Hüfte mitschwingen. Damit tun sich viele Reiter sehr, sehr schwer. Wird doch gerade die sanfte Muskeldurchspannung oft verwechselt mit einem Anklemmen der Beine, Verkrampfen in den Handgelenken, was eine harte Zügelführung zur Folge hat und ein Feststellen der Hüfte. Sie müssen unbedingt versuchen, beim Reiten entspannt zu sein. Ehrgeizige Pläne, in einer Stunde alles perfekt zu schaffen, wofür wahre Rittmeister ein Leben lang Übung gebraucht haben, sollten Sie so schnell wie möglich über Bord werfen. Ihre innere Einstellung ist sehr wichtig für ein gutes Reitergebnis.

Die Atmung kontrollieren

Um locker und geschmeidig reiten zu können, sollten Sie auch Ihre Atmung kontrollieren. Achten Sie darauf, dass Sie in den Momenten, wo Sie eine Schrittpause einlegen, durch die Nase einatmen und durch den Mund ausatmen. Wenn Sie dies bewusst tun, löst sich Anspannung in Windeseile und Körper und Geist beruhigen sich. Was sich wiederum positiv auf das Pferd überträgt.
Legen Sie auch öfter einmal eine Vorwärtsabwärts-Phase ein, wenn Sie merken, dass Sie sich verspannen oder verkrampft sind. Nutzen Sie diesen Moment zur Atemkontrolle, konzentrieren Sie sich einzig und alleine darauf.
Beim Ausatmen schön die ganze Muskulatur lockern. Sie werden überrascht sein, was solch kurze »Verschnaufmomente« bewirken können.

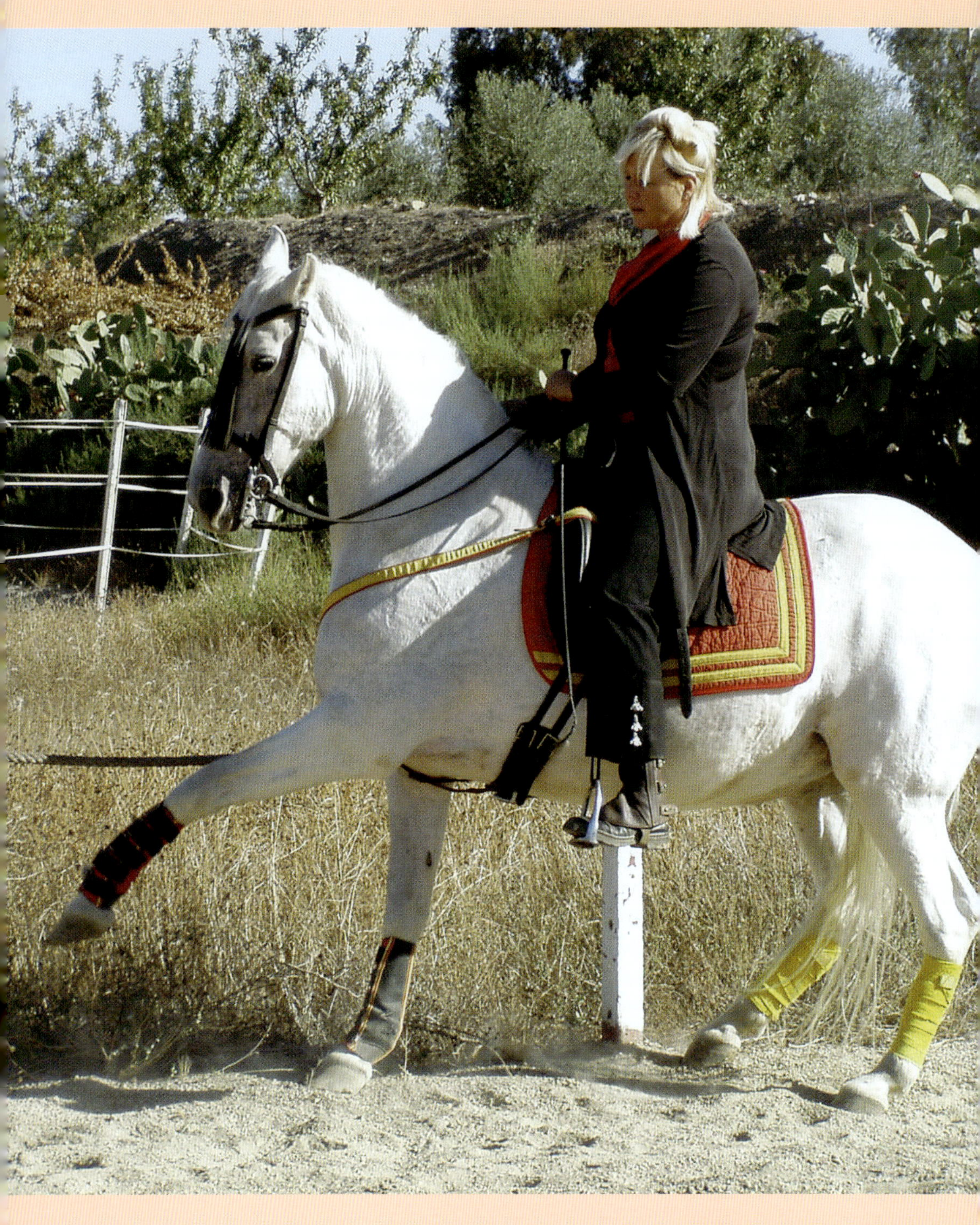

Das Training und die Spanische Dressur

Um die Reitkunst vernünftig zu erlernen, sollte man einen logischen Trainingsplan aufbauen. Beziehen Sie in Ihr Training meine Tipps zur Spanischen Dressur mit ein. Schritt für Schritt werde ich Sie in die einzelnen Trainingsabschnitte einführen, leicht und verständlich erklärt.

Die Haltung und Gesundheit des Dressurpferdes

Auch das Dressurpferd braucht genügend Freiheiten, um artgerecht leben zu können. Zum einen sorgt eine Haltung mit Koppelgang oder Paddock dafür, dass das Tier ausgeglichen ist und seinen Bewegungsdrang ausleben kann. Zum anderen kommt es so in den Genuss von Sozialkontakten mit anderen Pferden, was ungeheuer wichtig ist für die Psyche des Pferdes.
Dass es durch Koppelgang ab und an mal »schmutzig« wird, muss in Kauf genommen werden. Es gibt Striegel und Kardätschen einschließlich Pferdestaubsaugern – es gibt also keine Entschuldigung, ein Pferd 24 Stunden in einer Box einzusperren.
Eine solche Haltung ist meines Erachtens nach Tierquälerei und muss der Vergangenheit angehören. Auch wenn Ihr Pferd noch so teuer war, so berechtigt dies nicht dazu, ihm den Koppelgang aufgrund von möglicher Verletzungsgefahr nicht zuzugestehen.

Leiden für die Schönheit?

Oft sieht man gerade hier in Spanien Ställe, in denen die Pferde in der Box gehalten werden mit eingespanntem Elektrozaun, damit sich die schönen Hengste mit dem wallenden Langhaar nicht die Mähnen und Schweife aufscheuern. Diese bemitleidenswerten Pferde werden einmal am Tag herausgeholt, gleich um die Ecke auf den Dressurplatz geführt, und los geht's. Sie kennen nichts anderes als Box und Dressurplatz. Nach der Arbeit werden sie geduscht und erst mal ein paar Stunden angebunden, damit sie sich nicht wälzen können. Denn dadurch würden sie ja nach dem Duschen wieder dreckig werden und das Langhaar wäre voller Stroh. In der Box selbst traut sich das Pferd kaum zu bewegen, denn überall könnte es ja am Elektrozaun andocken. Zeigen die Tiere trotz dieser Haltung noch Anzeichen eines eigenständigen Denkens und Lebens, kriegen sie gleich ein paar über die Ohren.

Boxenhaltung schadet

Meines Erachtens dürfen Pferde im heutigen Zeitalter so nicht mehr gehalten werden. Eine Gesetzesänderung würde ich für absolut erforderlich halten, mit scharfen Kontrollen in dieser Hinsicht seitens der Veterinärämter. Zumal eine solche Haltung dem Pferd durchaus gesundheitlichen Schaden zufügen kann, sowohl psychisch als auch physisch. Den ganzen Tag im Stall stehen, der wenigstens hoffentlich sauber ist, bedeutet für das Pferd, schlechte Luft einzuatmen, was nicht förderlich ist für das gesamte Atmungssystem. Aus der Box raus und dann gleich mit der Dressurarbeit anfangen, ohne Lösen des Pferdes, höchste Versammlung von Anfang an – das schadet dem Knochengerüst, Sehnen und Bändern sowie der gesamten Muskulatur.

Frische Luft und Pferdekontakt

Ein zufriedenes, glückliches Pferd braucht viel frische Luft und freie Bewegungsmöglichkeit sowie Sozialkontakt zu Artgenos-

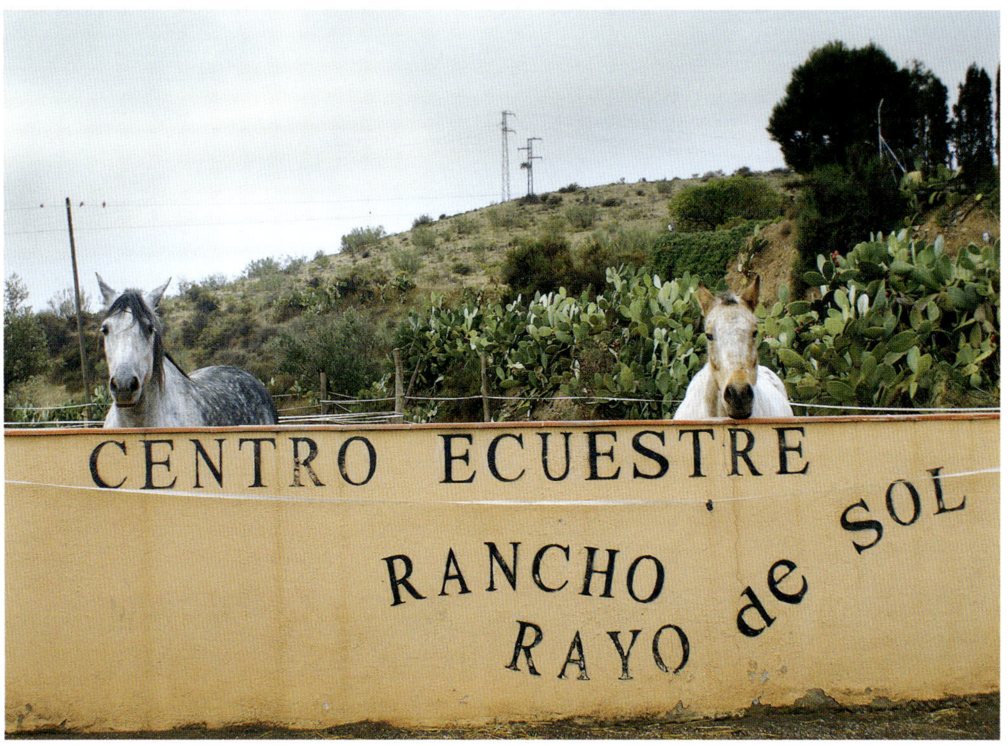

Glückliche Pferde mit täglichem Koppelgang – Wallach Bertín und P.R.E. Stute Sara

sen. Und ganz besonders für Hengsthalter gilt, dass der Hengst, wenn er schon nicht mit Artgenossen zusammen auf die Koppel kann, weil man keinen ungewollten Nachwuchs haben, oder aber Verletzungen vermeiden will oder sich nicht jeder Hengst mit einem anderen oder einem Wallach verträgt, dann sollte das Tier doch zumindest Sichtkontakt zu Artgenossen haben und Einzel-Koppelgang.

Auch Hengste brauchen Freiheit

Sollte keine Einzelkoppel zur Verfügung stehen, muss der Hengsthalter einen anderen Stall suchen oder es besser sein lassen, einen Hengst zu halten.
Es ist aber auch durchaus möglich, einen Hengst mit einer Gruppe von Wallachen auf die Koppel zu lassen. Man muss sich aber schon die Zeit nehmen auszuprobieren, in welche Gruppe der Hengst reinpassen könnte, durch anfängliche Versuche mit zunächst einmal voneinander abgetrennten Koppelabschnitten.
Und man braucht offene, pferdekundige Besitzer von Wallachen, die einen solchen Versuch auch mitmachen würden. Meistens scheitert es aber schon bei diesem Aspekt, dem Hengst ein schönes Leben zu ermöglichen.

Der Umgang mit Hengsten

Hier bei uns in Spanien werden meist nur Hengste gehalten, Wallache findet man eher selten. Allenfalls »jacas« – das sind Wallache mit kupiertem Schweif, die überwiegend in der Doma Vaquera (spanische Hirtenreitweise) eingesetzt werden, sind ab und an mal vorzufinden. Stuten werden meist für die Zucht verwendet, weniger zum reiten. Ich spreche hier hauptsächlich für die Provinz Almería, in der ich zu Hause bin, aber auch umliegende andalusische Provinzen wie Granada, Sevilla und Jaén weisen das gleiche Muster auf.
Da man es hier nun gewohnt ist, ja fast schon von klein auf, wenn man in einer Pferdefamilie groß geworden ist, dass dazu automatisch auch Hengste gehören, ist man von Anfang mit dem Umgang vertraut. Wenn Sie sich selbst einen Hengst anschaffen wollen, gibt es einige wichtige Sachen zu bedenken.

Was Sie vor einem Kauf beachten müssen

Zunächst einmal wäre die Frage, ob Sie eine durchsetzungsstarke Persönlichkeit haben und das nötige Grundwissen über Pferde. Gerade bei der Hengsthaltung finde ich es ungeheuer wichtig, die Körpersprache des Pferdes gut zu kennen, Widersetz-

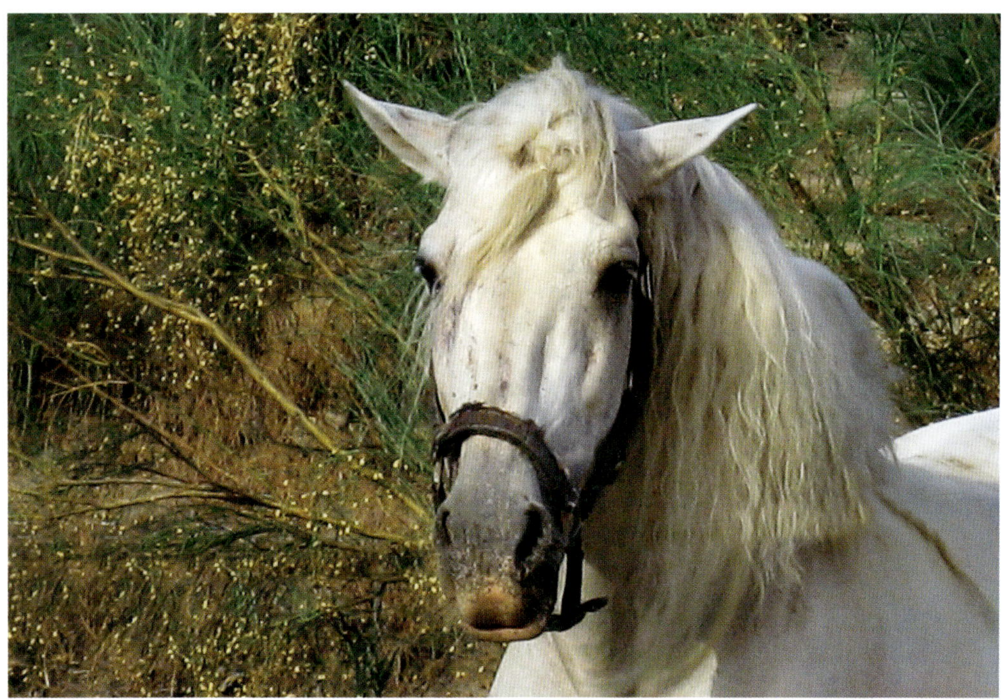

Bei diesem Kandidaten sollte man etwas vorsichtig sein – man achte auf die Ohrstellung.

lichkeiten können so vor ihrem Entstehen schon verhindert werden. Wenn der Hengst Sie erst einmal gebissen hat, ist es zu spät. Generell gilt natürlich auch bei Hengsten, dass kein Hengst von Natur aus bösartig ist, im Gegenteil.
Die meisten Hengste sind überdurchschnittlich intelligent und sehr liebenswert und können eine sehr große Zuneigung zu ihrer Bezugsperson entwickeln, weil sie nämlich meist auch noch in Einzelhaft gehalten werden. So suchen sie ihren Sozialkontakt bei ihrem Menschen.

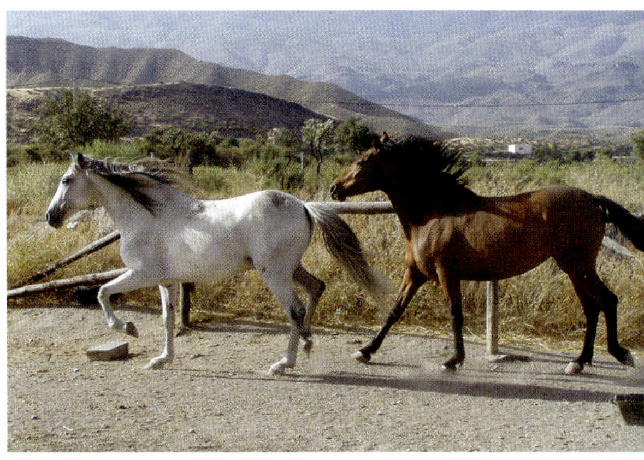

Wallach und Hengst auf der Koppel – das funktioniert durchaus.

Dominanz resolut begegnen

Dominante Hengste haben die Angewohnheit, öfter mal die Grenzen innerhalb der Pferd-Mensch-Beziehung neu abzustecken. Und je unsicherer Sie sind, desto schwieriger wird es dann mit dem Hengst werden. Sie müssen ganz klare Grenzen setzen. Wenn Sie generell nicht wollen, dass Ihr Hengst an Ihnen herumschnuppert, zum Beispiel beim Hufeauskratzen, setzen Sie dies bitte auch konsequent durch. Noch dazu, wenn Ihr Hengst dabei schon mal versucht hat, Ihnen mit seinen Zähnen in den Popo zu kneifen.
Verharmlosen Sie ein solches Verhalten nicht, es ist meist der Anfang zum »mehr«, der Anfang, immer frecher, dreister und respektloser zu werden.

»Benimmregeln« einhalten

Wenn Sie Ihren Hengst an der Hand führen, soll er ordentlich und vernünftig neben Ihnen herlaufen. Es gibt kleine Sachen, die kann man entschuldigen und muss man auch manchmal in Kauf nehmen, wie das Wiehern, wenn Artgenossen gesehen oder gerochen werden, ab und an auch mal das Ausfahren des Schlauches. Ihr Pferd ist ein Hengst, das passiert nun mal gelegentlich. Aber ein Tänzeln neben Ihnen sollten Sie zu vermeiden wissen. Oder ein Herumspringen, wenn Sie ihn führen.

Von den Erfahrungen anderer lernen

Haben Sie keine konkrete Vorstellung von dem Umgang mit Hengsten, möchten es aber gerne lernen? Lassen Sie sich von einem kompetenten Pferdemenschen helfen, um die Grundlagen zu lernen.
Letztendlich wird niemand mit einem Hengst in der Hand geboren, man lernt wirklich in der Praxis. Beim ersten Hengst macht man möglicherweise viel falsch, beim zweiten sieht es dann schon ganz anders aus, die Erfahrungswerte machen es eben doch aus. Und wenn man nie etwas Neues beginnt, wird man auch nie lernen.
Aber generell sollten Sie doch selbst eine gefestigte Person sein und schon eine gute Portion Pferdeerfahrung mitbringen, wenn Sie sich für einen Hengst entscheiden.

Dressurreiten – Gefühl und Tanz in einem

Gerade beim Dressurreiten – und vor allem innerhalb der spanischen Hohen Schule – sieht es fast immer so aus, als würden Pferd und Reiter zusammen tanzen.
Eine von schöner klassischer Musik begleitete Kür zu beobachten, Pferd und Reiter in der Passage schweben zu sehen, in völligem Einklang und fast miteinander zu einem Element verschmolzen – das ist es, was die hohe Kunst der Dressurreitens ausmacht.

Mit Musik geht alles besser

Wenn Sie nur so vor sich hin reiten ohne das Bestreben, dies erreichen zu wollen, werden Sie es auch nie schaffen.
Untermalen Sie Ihr Training beispielsweise einmal mit Musik. Einen tragbaren CD-Player hat sicher jeder, man kann ihn batteriebetrieben an den Reitplatzrand stellen. Für den Anfang reicht das vollkommen aus. Besorgen Sie sich schöne Musik, eventuell mit spanischen Einflüssen. CDs von Paco de Lucia inspirieren schnell, und man hat ein vollkommen neues Reitgefühl, wenn man dies einmal probiert hat. Einmal mit Musik geritten, möchte man nicht mehr darauf verzichten. Suchen Sie sich Stücke aus, die Ihnen selbst sehr gefallen, Sie werden die Freude an dieser Musik auf Ihr Pferd übertragen.

Pferde lieben rhythmische Klänge

Die meisten Pferde arbeiten gerne mit Musik, man merkt sofort, wie sie viel taktvoller und dynamischer arbeiten. Falls Ihr Pferd beim Reiten noch nie mit Musikbegleitung gearbeitet wurde, machen Sie es zunächst natürlich erst mal mit Ihrem CD-Player vertraut, lassen Sie die Musik zunächst einmal leise laufen, und erhöhen Sie das Volumen Stück für Stück. Es gibt kaum ein Pferd, das nicht mit laufender Musik trainiert werden kann. Schöne spanische Popmusik eignet sich bestens für eher trägere Pferde und Sie selbst werden von der Musik inspiriert. Ihr Körper wird lockerer und geschmeidiger, Sie sehen vieles nicht mehr so verkrampft, arbeiten bewusst mehr mit Ihrem Körpergefühl.

Eine eigene Kür aufbauen

Wenn Sie ein besonders schönes Musikstück gefunden haben, könnten Sie beispielweise versuchen, eine Kür für sich und Ihr Pferd zusammenzustellen und auf diese Kür hinzuarbeiten. Ein oder zwei schöne Musikstücke aufeinander folgend, würden in etwa einer 8-Minuten-Kür entsprechen.
Bauen Sie alles, was Sie bisher schon können, in diese Kür ein. Fangen Sie an mit Trabarbeit, Seitengängen, bauen Sie Ihre Galopplektionen mit ein, eventuell die Jambette oder den Spanischen Schritt.

Erst Teilstücke üben

Trainieren Sie immer erst Teilstücke Ihrer Kür, und reiten Sie sie dann am Ende Ihrer Übungsstunde einmal komplett durch.
Wenn mal eine Lektion nicht so gut geklappt hat, werden Sie nicht verbissen, pro-

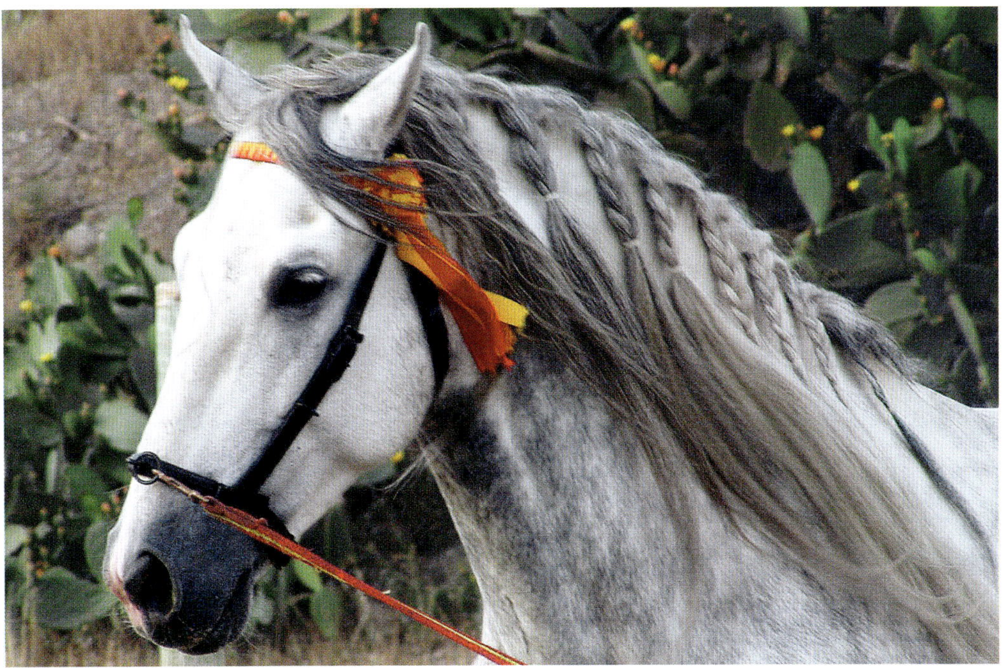

Mal schick frisiert – sieht doch gleich ganz anders aus!

bieren Sie es einfach am nächsten Tag noch mal. Das Ganze soll Freude machen und nicht eine krampfhafte Geschichte werden.

Bühne frei für Ross und Reiter

Und nun noch etwas zur Ihrer Kleidung und der Ausstattung des Pferdes: Natürlich ist Freizeitkleidung bequem, und ob Sie nun eine alte blaue Satteldecke oder eine knallrote neue verwenden, ist dem Pferd sicher egal. Aber Sie werden es nicht glauben, wenn Sie es nicht selbst probiert haben: Statten Sie sich selbst mal aus mit beispielsweise einem schicken Hemd oder einer Bluse, einer etwas taillierteren Jacke, ledernen Kurzchaps mit Messingknöpfen für das Verschnallen. Ihr Pferd schmücken Sie mit einer schönen edlen Dressurschabracke, eventuell sogar mal mit goldener Borte, sowie mit nagelneuen, leuchtend gelben Bandagen.

Fördert die Motivation und den Spaß

Schon alleine die Vorfreude darauf, Ihr Pferd auch im Alltag einmal so schick zu machen, überträgt sich positiv auf Ihr Pferd, denn Sie sind motiviert und fröhlich und freuen sich auf den »Tanz« mit Ihrem schönen Pferd. Flechten Sie mal die Mähne dekorativ ein, auch den Schweif kann man mit einem französischen Zopf versehen. Es bedeutet sicher nicht, dass man solchermaßen ausgestattet gleich Dressurreiten kann, das will ich damit nicht sagen. Aber eine neue Motivation und mehr Freude an der Sache können somit entstehen.

Hilfsmittel

Es gibt auf dem Markt ganz viele unterschiedliche Hilfsmittel für den Reitsport. Das beginnt bei Sporen, Gerten, Martingale und hört noch lange nicht auf bei Ausbindern, Chambons, Köhlerzügeln etc.

Vieles ist überflüssig

Jeder muss für sich selbst entscheiden, ob dies alles sein muss oder nicht. Meine persönlichen Erfahrungswerte haben mich so weit gebracht, dass es in meinem Betrieb lediglich Gerten gibt, die allenfalls als verlängerte Schenkel eingesetzt werden, bei der Bodenarbeit zum Touchieren.
Touchieren meine ich wörtlich, es gibt nur sanfte Gertenstreiche, um dem Pferd das Verstehen einfacher zu machen. Bei Seitengängen mit Jungpferden reicht es oft vollkommen aus, die Gerte etwas horizontal zu stellen, und schon weicht das Pferd, weil es dies im Augenwinkel sieht.
Sporen sind meines Erachtens ebenso unnötig wie Schlaufzügel und Co. Nichts macht ein Pferd stumpfer oder im umgekehrten Falle nervöser und verrückter als eine ständig in den Bauch piksende Spore, ob nun mit großen Rädern, kleinen Zacken oder stumpfen Enden.

Ausbindezügel

Das Zusammenschnüren von Pferden mittels Ausbindern etc., um eine künstliche Versammlung zu erzeugen, kann nicht der korrekte Weg zur Ausbildung eines Pferdes sein. Allenfalls für vertretbar halte ich solche Hilfszügel nur, wenn eine Korrektur vorgenommen werden muss. Aber die Hilfszügel sollten dann vernünftig verschnallt werden, um dem Pferd genügend Freiheit zu geben, den Kopf und Hals vorwärtsabwärts strecken zu können.

Martingale und Hackamore

Martingale werden im Springsport oft verwendet, meist sieht man sie sogar kombiniert mit Hackamore, was ich für absolut nicht vertretbar halte.

Wer braucht's – Sie oder Ihr Pferd?

Natürlich gehen die Meinungen weit auseinander, welche Hilfsmittel sinnvoll sind, und jeder muss für sich selbst entscheiden, was er seinem Pferd antun möchte und was nicht. Turnierambitionierte Reiter benutzen solche Hilfsmittel gerne. Es ist eine Frage, ob dies wirklich sein muss. Zu viel persönlicher Ehrgeiz und der Wunsch, innerhalb des Reitsports weiterzukommen und ganz vorne platziert zu werden, gehen meist auf Kosten des Pferdes.

Mein Tipp

Wer vernünftig reiten kann und mittels einer schönen Körperdurchspannung in der Lage ist, jedes Pferd versammelt zu reiten, braucht keine Hilfsmittel. Der Weg da hin sollte nicht der des Sporen- und Ausbindereinsatzes sein, sondern die Suche nach einem vernünftigen Reitlehrer.

Zäumungen und Sättel

Hier bei uns in Spanien ist es immer mehr in Mode gekommen, bei der Ausbildung einen ganz normalen Dressursattel zu benutzen. Meist werden lediglich bei Shows und Turnieren die hiesigen Trachtensättel benutzt. Das liegt mit Sicherheit daran, dass der Dressursattel dem Reiter das Gefühl gibt, das Reiterbein näher am Pferd zu haben und besser durchfühlen zu können. Die Übertragung der Hilfengebung ist feiner und kommt schneller und einfacher durch.

Welcher Sattel ist der Richtige?

Ein Vielseitigkeitssattel, selbst mit Schwerpunkt Dressur, wird hier überhaupt nicht verwendet. Ich rate auch jedem Reiter davon ab, der die klassische oder spanische Dressur erlernen will, mit einem solchen Sattel zu arbeiten. Meines Erachtens verstellt er den Sitz des Reiters und erschwert die Haltung des gewünschten langen Dressurbeines.

Einen günstigen Dressursattel zu bekommen, ist heutzutage auch gar nicht mehr so schwer. Gerade hier in Spanien werden Markensättel zu erschwinglichen Preisen und nagelneu angeboten.

Man muss einfach mal ein bisschen rumhören oder im Internet stöbern. Achten Sie auf die passende Kammerweite für Ihr Pferd und die richtige Sitzgröße für Ihren Po. Beide Maße müssen stimmen, damit sich Reiter und Pferd wohlfühlen und gut arbeiten können.

Sattel der »alta escuela«, der spanischen Hohen Schule

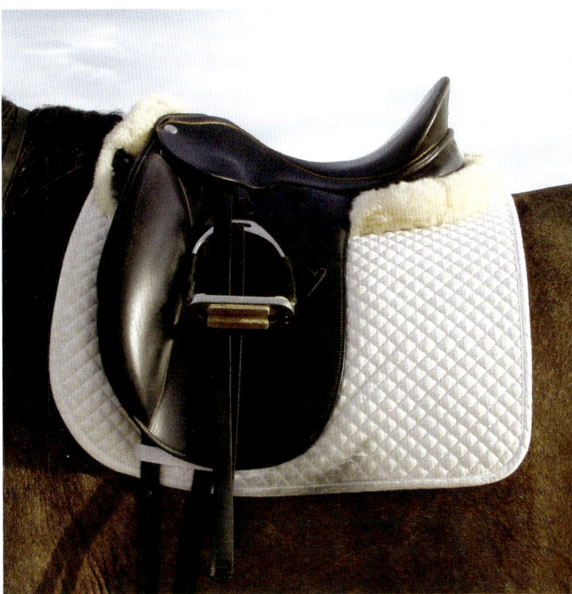

Dressursattel von Zaldi, Modell clasic

Spanische Trachtensättel

Für das Showreiten innerhalb der spanischen Hohen Schule gibt es sehr schöne Trachtensättel, beispielsweise von Zaldi oder Lucas. Diese liegen preislich und qualitativ in einem guten Rahmen. Kaufen Sie bitte nicht das letzte »Billig-Produkt« – wählen Sie das gute Mittelmaß aus. Ein Schweifriemen und ein Vorderzeug sind ein absolutes Muss bei diesen Sätteln.

Satteldecke, Steigbügel, Sattelgurt

Zu diesen Trachtensätteln gehört auf alle Fälle auch eine passend große Satteldecke. Die normale englische Satteldecke für Vielseitigkeitssättel passt auf alle Fälle nicht. Ebenso wenig wie die Dressurschabracke für den Dressursattel.

Die Steigbügel für den spanischen Trachtensattel sind ebenfalls spezielle, etwas schwerere Eisenbügel, meist schwarz lackiert oder überzogen mit Messing- oder Silbereffekt. Zum Üben und Trainieren mit dem spanischen Trachtensattel kann man aber auch problemlos normale Steigbügel des englischen Sattels einschnallen. So fühlt man sich anfangs etwas mehr »zu Hause«.

Als Sattelgurt eignet sich ganz besonders ein breiter Gurt, meist mit drei Strippen, je nach Sattelhersteller, aus weichem Leder. Dieser Gurt braucht viel Pflege, fetten Sie ihn immer gut ein.

Gebiss und Zaumzeug

Es wird kein Geheimnis darum gemacht, dass in Spanien überwiegend auf Kandare geritten wird. Beim Anreiten wird aber auch heutzutage immer mehr die Wassertrense benutzt. Ich persönlich reite meine Jungpferde alle mit Wassertrense an, meist sogar kombiniert mit einem lederummantelten Serreton (spanischer Kapp-

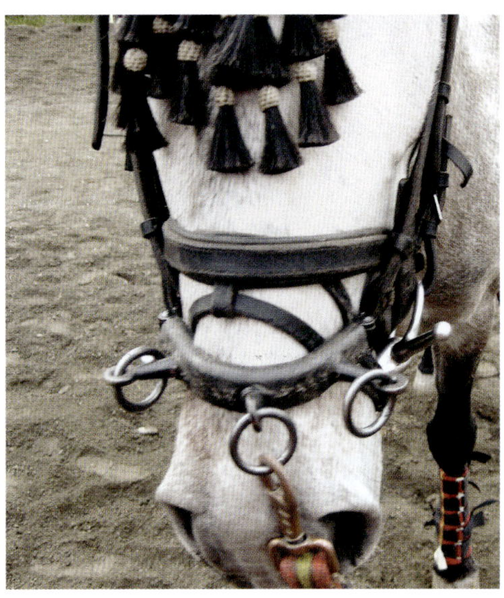

Serreton, Vorderansicht

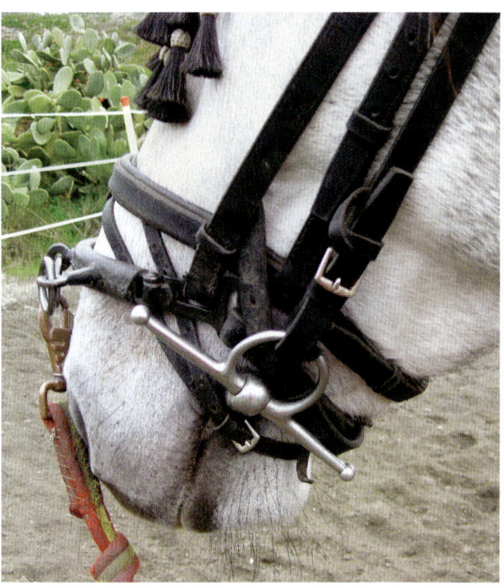

Serreton mit Knebeltrense

zaum, jedoch ohne Zacken, sondern das Eisenteil ist lederummantelt). Je nach Pferd geht es manchmal sogar nur mit dem Stallhalfter.

Der Umgang mit dem Serreton

Mit dem Serreton arbeite ich sehr gerne, allzu ungestümen Pferden kann man damit leichter entgegenwirken, denn der Nasenrücken ist sehr empfindlich und ein feines Vibrieren mit dem Zügel reicht oft schon aus, dass das Pferd diese Hilfe gut annimmt und zu keinem weiteren Ungehorsam neigt. Und vor allem bleibt das Maul geschont. Anfänglich arbeite ich mit Serreton und Wassertrense. Oder alternativ dazu mit der Knebeltrense – die das Durchziehen der Trensenringe durch das Pferdemaul verhindert, aber nicht im wirklichen Sinne etwas mit »Knebeln« zu tun hat. Man arbeitet mit zwei Paar Zügeln, ein Paar an die jeweils äußeren Serretonringe eingeschnallt, das andere Paar an die Wassertrense. Die Hauptzügel sind die Serretonzügel, nach und nach lässt man die Wassertrensenzügel mitwirken. Wir gehen relativ schnell auf die Kandare über, wobei hier beispielsweise Pelhams bevorzugt werden, in der Mitte doppelt gebrochen und ebenso wieder mit zwei Paar Zügeln geritten.

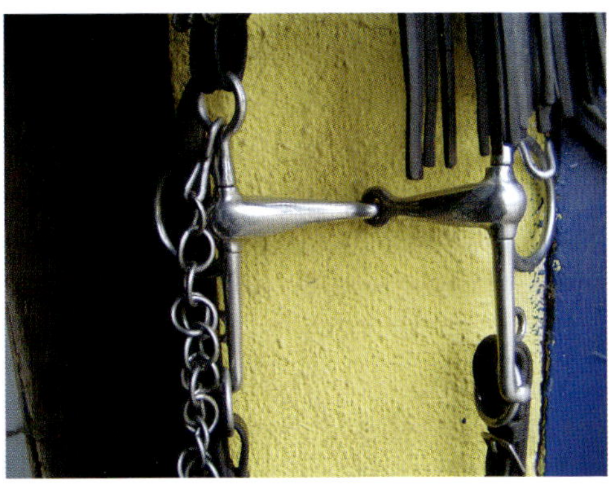

Pelham, doppelt gebrochen

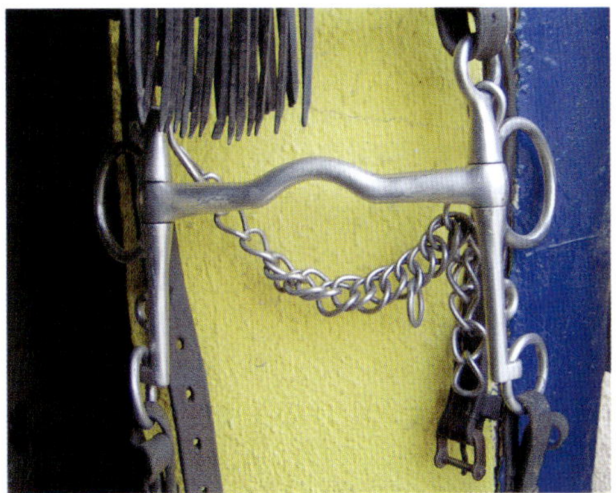

Pelham

Die Kandarenzäumung

Nun gibt es alleine schon beim Wort »Kandare« ein Riesengebrüll. Empörte Reiter und Pferdeliebhaber empfinden dieses Mundstück als »scharf« und geradezu tierquälerisch. Aber weit gefehlt, ich behaupte, dass gerade dieser Ruf der Kandare dazu verhilft, dass man damit auch dementsprechend vorsichtig und fein umgeht. Und wer noch nie auf Kandare geritten ist, kann nicht beurteilen, welche Vorteile diese hat für das Pferd bei richtiger, vernünftiger Anwendung.
Die Wassertrense wird generell verharmlost, da darf man dran ziehen, da passiert ja nichts. Ich habe sehr oft Pferde gesehen, die nach dem Reiten mit Wassertrense nicht fressen wollten. Bei Überprüfung des Mauls ergab sich eine gequetschte Zunge, man sah eine richtige »Delle« in der Mitte der Zunge. Die Zungenspitze war blau angelaufen und somit zunächst einmal taub,

Mein Tipp

Ich empfehle jedem, der sich ernsthaft mit einer Kandare auseinandersetzen will, dies nicht ohne Anleitung eines Fachmannes zu tun. Und Sie müssen ein Pferd zügelunabhängig reiten können. Sicher scheint die Wassertrense erst mal die harmlosere Variante zu sein bei Reitern, die ihr Gleichgewicht noch nicht so im Griff haben zu Pferde.

was dem Pferd ein Fressen in diesem Moment nicht gestattete.

Der richtige Umgang mit der Kandare

Ich finde, dass man mit der Kandare die Zügel viel feiner führt, viel bedachter, was sich positiv auf das Pferdemaul auswirkt. Alleine schon die Eigenschwere der Kandare erleichtert dem Pferd die richtige Kopfhaltung. Und die jeweilige Zäumung ist immer nur so hart, wie die Reiterhand es ist. Die Technik innerhalb der Führung des Pferdes mit einer Kandare ist aber auf alle Fälle grundverschieden zur Technik mit der Wassertrense. Jedes Eindrehen der Zügelhand oder gar das Nach-hinten-Ziehen der Ellenbogen gehört niemals zur Führung einer Kandare.

Innerhalb der Kandarenführung reicht oft ein Hauch von Anheben des Handgelenks, und schon kommt die Zügelhilfe durch. Ein Anlegen des Zügels mittig am Hals langt aus, um dem Pferd die neue Richtung zu weisen. Mit der Kandare wird mehr mit der Reiterhand nachgegeben. Ein Festhalten der Zügel geht gar nicht wirklich, denn es würde ein unglaublicher Druck auf das Pferdemaul und auf das Kinn ausgeübt, der das Pferd zum Rückwärtsrichten, Verweigern und Protestieren animieren würde. Der Könner weiß dies, und somit ist seine Reiterhand immer nachgebend.

Sollten Sie jemals ein blutendes Pferdemaul oder -kinn bei einem mit Kandare gezäumten Pferd gesehen haben, sollten Sie die Schuld dem Reiter zuweisen, der anscheinend nicht damit umzugehen wusste, die Kette verdreht und zu fest verschnallt hat und mit viel zu harten Händen damit umgegangen ist. Als Zaum wird hier anfänglich meist ein Sperrhalfter verwendet, wie in Deutschland auch. Später dann der Vaquero-Zaum ohne Kehlriemen oder – ganz exquisit – der Spezialzaum für die spanische Hohe Schule. Er ist von der Funktion her absolut identisch mit der Dressurkandare mit Unterlegtrense, allerdings prunk- und prachtvoll verziert mit Messingbeschlägen und Messingschnallen.

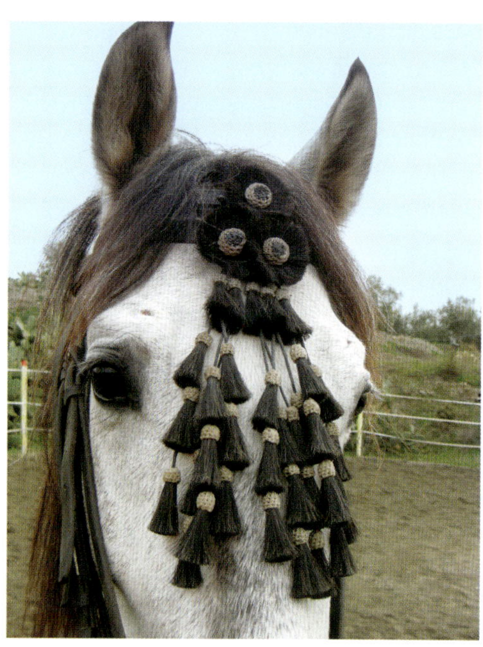

Mosqueton

Feinmotoriktraining – ohne Pferd

Bevor wir uns nun auf das richtige, feine Dressurarbeiten konzentrieren, möchte ich Ihnen noch einige Tipps und Übungen mit auf den Weg geben, die Sie ohne Pferd durchführen können. Mit Reiterfreunden zusammen macht es richtig Spaß, mal gemeinsam zu probieren, wie wir unsere Körperdurchspannungstechnik verbessern können.

Hinweis: Bitte machen Sie Pausen zwischen den einzelnen Übungen. Immer wieder die Muskulatur relaxen lassen.

Übungen für Brustbein und Schulterdurchspannung des Reiters

Sie müssen sich darüber im Klaren sein, dass man beim Reiten in der Lage sein sollte, jedes Körperteil einzeln bewegen zu können. Beginnen wir also mit folgender Übung:

Übung 1

Setzen Sie sich auf einen Stuhl, halten Sie Ihren Oberkörper gerade und den Kopf aufrecht. Stellen Sie sich in Gedanken vor, Sie säßen auf dem Pferd. Nun versuchen Sie bitte einmal, Ihr Brustbein nach oben zu ziehen. Das geht nicht, ohne den Trapezmuskel anzuspannen, der links und rechts von Ihrem Nacken sitzt. Ziehen Sie das Brustbein nun also hoch, und lassen Sie diese Spannung wieder gehen, immer im Wechsel. Probieren Sie diese Übung anfänglich täglich mindesten 2 Minuten lang.

Übung 2

Bitten Sie einen Reiterkollegen oder einen Bekannten, eine Wassertrense in der Hand zu halten, die mit Zügeln versehen ist. Setzen Sie sich wieder auf Ihren Stuhl und nehmen Sie die Zügel auf. Wenn Sie sonst die Zügelfäuste zusammenstehen haben oder dicht beieinander, machen Sie jetzt bitte mal genau das Gegenteil: Lassen Sie Ihre Unterarme leicht nach außen weggehen. Merken Sie, wie Ihre Schulterblätter automatisch bei dieser Übung zurückweichen?

In Kombination üben

Kombinieren Sie nun beide Übungen miteinander. Trainieren Sie diese, sooft Sie dazu Zeit haben. Es wird ein paar Tage dauern, bis sich der gewünschte Effekt einstellen wird. Alle Übungen, die hier aufgeführt sind, werden Sie zu einer perfekten Feinmotorik und Körperbeherrschung hinführen. Sie müssen nur fleißig dranbleiben.
Es geht nicht um das Entwickeln von Kraft, sondern um Muskelreaktionen, die automatisch funktionieren werden, je mehr wir sie üben. Der nette Nebeneffekt dabei ist, dass sich Ihre Muskulatur wirklich sehr schön ausprägen wird.

Übungen für Lenden, Bauch- und Podurchspannung des Reiters

Unerlässlich ist auch das Training der Po- und Lendenmuskulatur. Wagen Sie sich gleich an folgende Übungen heran!

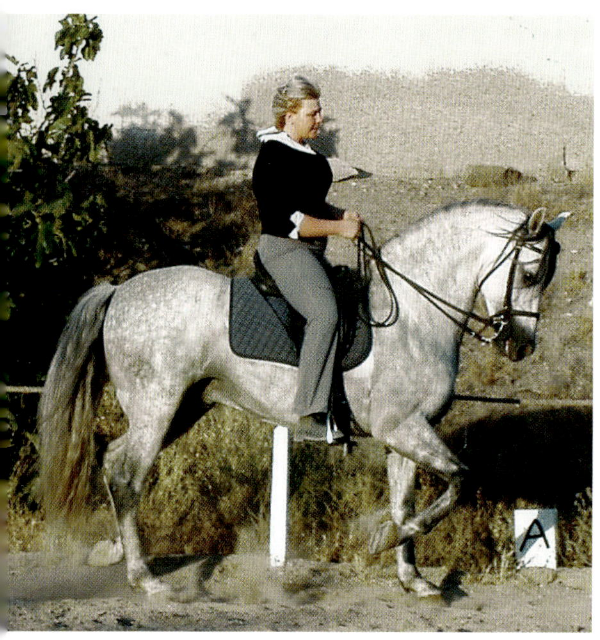

Können Sie, was Ihr Pferd kann? Es gehören viel Körperbeherrschung und eine gute Feinmotorik dazu, bevor Sie so elegant im Sattel sitzen.

Übung 1

Oberhalb Ihrer Pobacken befindet sich links und rechts Ihre Lendenmuskulatur.
Setzen Sie sich auf einen Stuhl, und spannen Sie diese beiden Muskeln gleichmäßig durch, lassen Sie die Spannung dann wieder gehen.
Wiederholen Sie dieses Anspannen und Wiederlockerlassen zwei Minuten lang.

Übung 2

Ziehen Sie Ihre Bauchmuskeln zusammen – genauso, wie Sie es machen würden, wenn jemanden Ihnen sagen würde: »Zieh den Bauch ein.« Trainieren Sie auch dies etwa zwei Minuten lang.
Kombinieren Sie diese Übung dann mit dem Hochheben beider Arme während des »Baucheinziehtrainings«.

Übung 3

Kneifen Sie Ihre Pobacken zusammen, und lassen Sie sie dann wieder locker.
Auch diese Übung bitte zwei Minuten lang trainieren.

In Kombination üben

Wenn Sie diese Einzelpartien nun alle trainiert und ein immer besseres und feineres Gespür für Ihre einzelnen Muskeln bekommen haben, möchte ich Sie nun auffordern, all diese Übungen zusammenzupacken.
Spannen Sie nun alle Muskeln gemeinsam an, und lockern Sie sie dann wieder. Versuchen Sie auch dies zwei Minuten lang.
Danach machen Sie alle Übungen komplett durcheinander, wie es Ihnen gerade in den Kopf kommt.
Zum Beispiel: Pobacken anspannen, danach Brustbein hochziehen usw.

Übungen für die Schenkel, Knie, Waden und Füße

Nun wird es ein wenig schwierig, denn Sie werden jetzt lernen müssen, Füße, Waden und Knie unabhängig voneinander bewegen zu können.

Übung 1

Nehmen Sie sich ein großes Kopfkissen, das schön dick gefüllt ist, und setzen sich auf eine Mauer. (Ein hoher Tisch oder Ähnliches tut es natürlich auch.)
Wichtig ist, dass Mauer oder Tisch so hoch sind, dass Ihre Beine frei in der Luft baumeln können, ohne Bodenkontakt zu haben. Das Kissen bitte nicht unter den Po legen, sondern stecken Sie es zwischen Ihre Oberschenkel.

Versuchen Sie jetzt, es festzuhalten, indem Sie es einfach mit Ihren Beinen umschließen. Versuchen Sie, 30 Sekunden durchzuhalten, danach eine Pause. Nach einer Minute etwa ein weiterer Versuch.
Machen Sie dies, solange Sie können.

Übung 2

Nehmen Sie nun Ihr Kissen, stellen Sie sich aufrecht hin, klemmen Sie das Kissen zwischen Ihre Knie und laufen Sie damit etwa zehn Schritte, ohne es zu verlieren. Entspannen Sie danach einen Moment, und versuchen Sie es aufs Neue. Probieren Sie das etwa 15-mal, immer mit einer Pause dazwischen.

Übung 3

Setzen Sie sich erneut auf eine Mauer oder einen Tisch und konzentrieren Sie sich bitte einzig und alleine auf Ihre Wadenmuskulatur. Spannen Sie beide Waden gleichzeitig an, und lassen Sie dann wieder locker. Ebenfalls zwei Minuten lang.

Übung 4

Setzen Sie sich bequem auf Ihr Bett oder Sofa, sodass sich Ihre Knie und Füße vor der Sitzkante des Bettes/Sofas befinden. Heben Sie nun die Unterschenkel an und halten Sie sie gerade, während Sie gleichzeitig alle Fußzehen nach oben recken. Ziehen Sie sie so weit nach oben, wie Sie können, und lockern Sie sie dann wieder. Machen Sie auch diese Übung zwei Minuten lang.

Übung 5

Stellen Sie sich gerade aufgerichtet auf den Boden und erheben Sie sich dann auf die Zehenspitzen.

Mein Tipp

Es ist absolut wichtig, dass Sie sich darauf konzentrieren, nur die Muskulatur anzuspannen, die in der jeweiligen Übung beschrieben ist.
Ganz besonders in der Übung 4 dieses letzten Abschnittes kommt es häufig vor, dass beim Anziehen der Fußzehen nach oben die Wadenmuskulatur automatisch mitgeht. Wir wollen aber darauf hin trainieren, dass wir jede Muskelpartie einzeln kontrollieren können.
Das ist nämlich unser angestrebtes Ziel: unsere Feinmotorik beim Reiten und unsere Körperkontrolle.

Halten Sie einen kurzen Moment lang die Balance, dann wieder die Füße fest auf den Boden stellen.
Holen Sie die Muskelspannung für diesen Zehenstand zu Beginn der Bewegung bewusst aus den Waden heraus.Trainieren Sie dies ein paar Mal, und dann wiederholen Sie dieselbe Übung, diesmal mit der Spannung nur vom Vorderfuß und von den Zehen ausgehend.
Spüren Sie eine Differenz? Ich möchte, dass Sie nur die Muskelanspannung aus den Waden dazu anwenden. Dieses Zehenspitzentraining trainiert sehr wirksam Ihre Wadenmuskulatur, darauf will ich hinaus. Vergessen Sie nicht, zwischen dem Üben Ihre Füße und Waden immer wieder zu lockern, indem Sie sie ausschütteln.
Variation: Stellen Sie sich abwechselnd von den Zehenspitzen auf die Fersen und ziehen Sie die Zehen dabei kräftig hoch. Auch hier die Waden anspannen!

Die Feinmotorik des Reiters – Übungen auf dem Pferd

Die Feinmotorik des Reiters ist eine sehr, sehr wichtige Sache.
Um Pferde wirklich versammelt und vernünftig arbeiten zu können, sollte jeder Reiter in der Lage sein, alle Körperteile einzeln voneinander bewegen zu können. Sie können hierzu einige gute Übungen durchführen, um zu überprüfen, inwieweit Ihre Feinmotorik dieser Aufgabe gewachsen ist.

Übung 1

Wenn Sie auf dem Pferd sitzen, versuchen Sie bitte einmal, Ihre Füße nach außen wegzuspreizen, ohne dabei die Knie vom Sattel zu nehmen.

Übung 2

Lassen Sie die Füße nun aus den Bügeln und versuchen Sie Unterschenkel und Füße nach hinten zu legen, ohne dabei die Knie vom Sattel zu nehmen und ohne dabei mit dem Oberkörper nach vorne zu fallen.
Sollten Sie dies nicht hinbekommen, üben Sie es bitte sooft Sie können.

Meine Tipps

- Drehen Sie Ihren Oberkörper nach links und rechts, ohne dabei die Hüfte mitzunehmen. Nur der Oberkörper wird gedreht.
- Drehen Sie Ihren Kopf nach links und rechts, ohne dabei die Schultern mitzudrehen.
- Traben Sie leicht, ohne beim Auf und Ab die Arme mitzubewegen.

Übung 3

Lernen Sie, Ihre Hände ganz ruhig zu halten zwecks feinfühliger Zügelführung. Wenn Sie Zügelparaden geben, machen Sie dies bitte ganz weich nur aus dem Handgelenk heraus, nicht aber aus den Armen.

Übung 4

Versuchen Sie, zu differenzieren zwischen Schenkelanpressen oder -umschließen. Erkennen Sie den Unterschied?
Um das Pferd mit beiden Beinen – Schenkeln – zu führen, müssen Sie in der Lage sein, das Pferd mit den Beinen zu umschließen. Wenn Sie jemanden in den Arm nehmen und umarmen, umschließen Sie diese Person mit Ihren Armen.
Genau das wollen wir auch bei unserem Pferd, wir wollen es nicht quetschen, sondern nur umschließen.

Bewusster die Muskulatur einsetzen

Diese feinmotorische Körperbeherrschung kann man lernen. Die Übung macht den Meister, und vor allem ein bewussteres Reiten ist hier gefragt.
Sie sollten viel öfter mal darüber nachdenken, welche einzelnen Muskeln Sie gerade benutzen. Lassen Sie sich beim Reiten filmen – anhand der Aufnahmen können Sie kontrollieren, ob Ihnen nicht etwas auffällt, wie z. B. ein verschobener Sitz in den Seitengängen, Arme, die zu stark mitarbeiten, etc.

Übungen an der Longe

Sie brauchen dazu auf alle Fälle eine weitere Person, nämlich einen Longenführer für das Pferd. Und natürlich denjenigen Reiter, der seine Feinmotorik verbessern möchte. Der Longenführer sollte das Tier sehr gut kennen. Das Pferd selbst muss völlig ausgeglichen und ruhig an der Longe mitarbeiten und Stimmsignale gut kennen. Statten Sie das Pferd mit einem Dressursattel aus.

Die Ausrüstung

Ich halte nichts davon, für diese Übungen einen Vielseitigkeitssattel zu verwenden, denn wir wollen ja auf hohe Dressurlektionen hinarbeiten. Vielseitigkeitssättel, noch dazu, wenn sie den Schwerpunkt »Springen« vorweisen, verstellen meist den Sitz des Reiters, was für das Dressurreiten nicht gerade förderlich wäre. Oft sind diese Sättel so aufgebaut, dass der Reiter, meist ungewollt, leicht nach vorne fällt.
Es gibt gute Dressursättel, die noch nicht einmal teuer sind. Modelle von Lhexis oder Zaldi, die auch im deutschen Handel zu erhalten sind, reichen vollkommen aus.
Auch auf dem gebrauchten Sattelmarkt kann man sich umschauen. Sie müssen bei Secondhand-Sätteln darauf achten, dass der Sattelbaum nicht gebrochen ist oder zu nachgiebig. Optische Mängel wie kleine Kratzer etc. sollten Sie nicht stören.

Das Serreton fürs Pferd ...

Alle hier folgenden Übungen sind auch für den fortgeschrittenen Reiter ein guter Check, ob noch alles im Lot ist. Niemand sollte sich schon für so perfekt halten, um nicht hier und da mal ein paar Wiederholun-

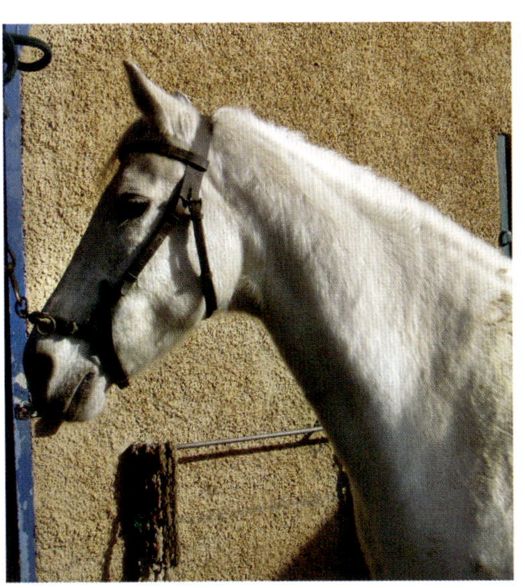

Das Serreton, ein perfektes Kopfstück für unser Training

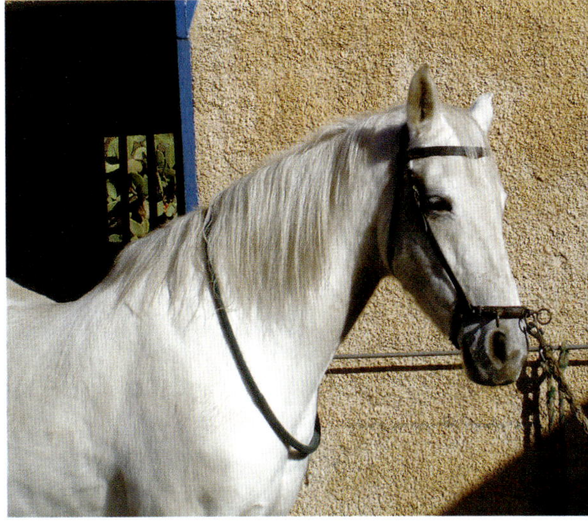

Ein aus einem Strick improvisierter Halsriemen gibt mehr Sicherheit.

gen durchzuführen. Ihr Pferd selbst sollte am besten mit einem Kappzaum oder Serreton (bitte ummantelt mit Leder) ausgestattet sein. So vermeiden wir, dass das Pferd schmerzhafte Züge im Maul abbekommt.

... der Halsriemen für den Reiter

Wer sich anfangs noch unsicher ist, kann aus einem Strick eine Art Halsriemen basteln (siehe Abb. S. 49 unten rechts) und diesen mit am Sattel verbinden, um notfalls hineingreifen zu können, wenn das Gleichgewicht einmal verloren gehen sollte.

Halten Sie sich jedoch nie am Sattel fest, wenn es mal brenzlig wird. Die Gefahr, dass der Sattel rutschten könnte und Sie einen ungewollten Abgang machen, ist groß.

Besser gerüstet mit Helm

Sie sollten auf alle Fälle einen geeigneten Reithelm tragen.
Natürlich bleibt Ihnen die Entscheidung dazu selbst überlassen, aber Sie haben nur einen einzigen Kopf in Ihrem Leben. Darauf sollten Sie aufpassen.

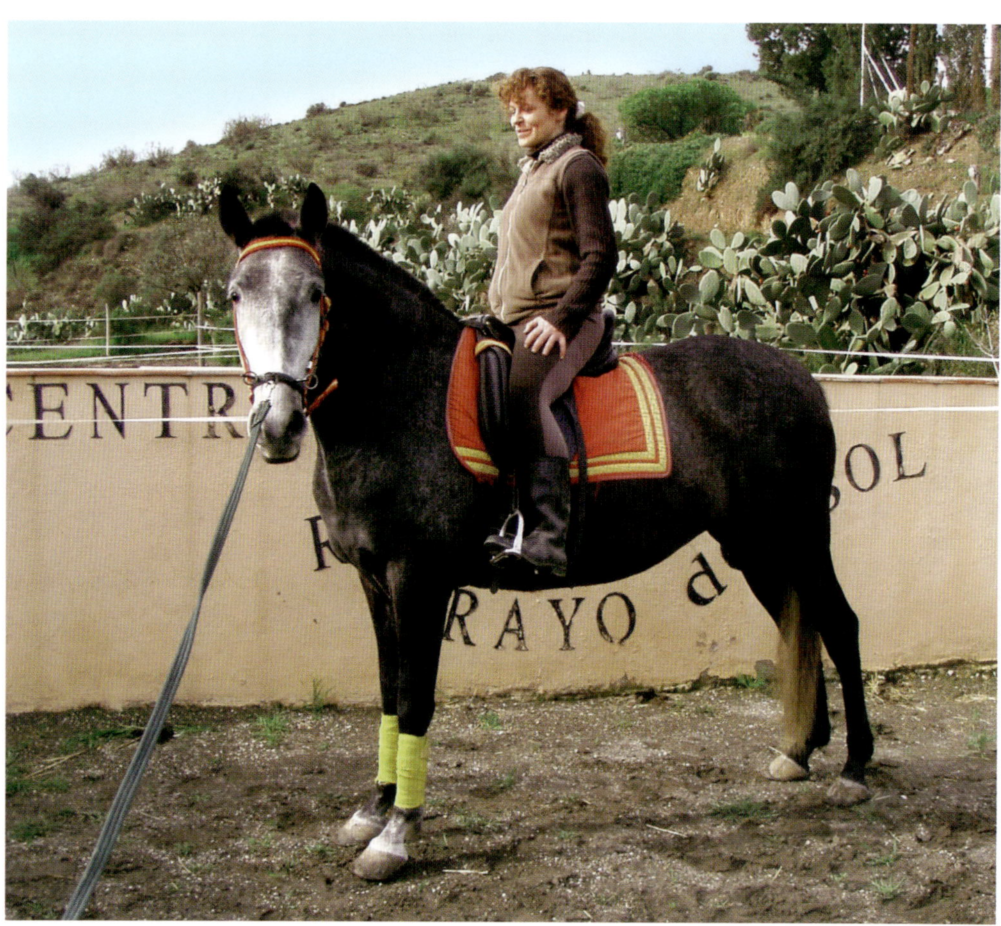

So ausgerüstet, beginnen wir nun mit der ersten Übung.

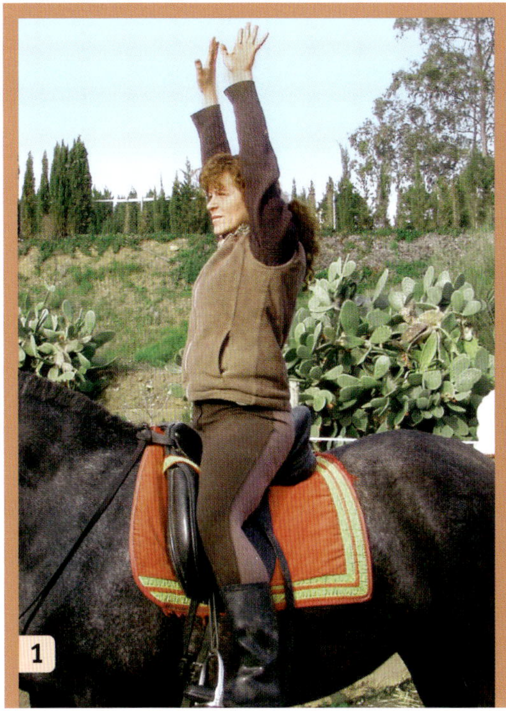

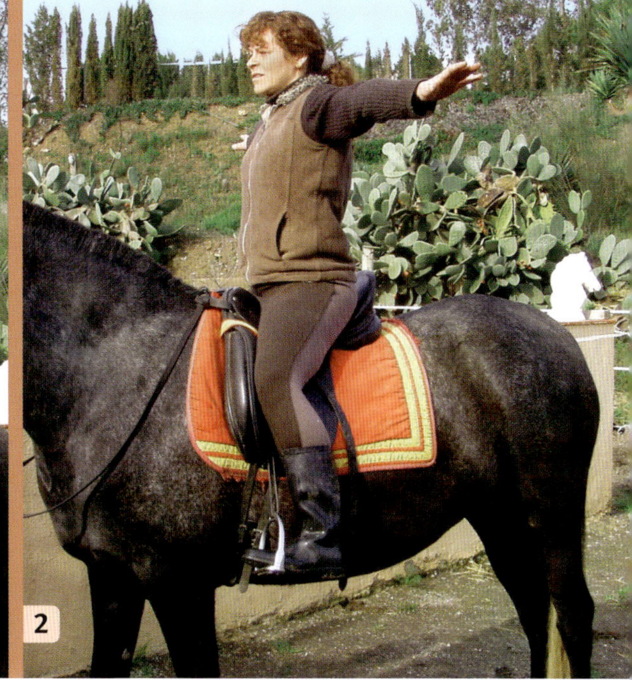

Übung 1

Steigen Sie auf das Pferd und lassen Sie es durch den Longenführer zum Schritt übergehen.

1 Nehmen Sie die Steigbügel auf, und heben Sie beide Arme langsam horizontal weggestreckt hoch. Bleiben Sie mindestens zwei Runden in dieser Position.
Wenn Sie sich sicher gefühlt haben, wiederholen Sie diese Übung erneut, schlagen aber die Steigbügel über und legen diese vor den Vorderzwiesel des Sattels.

Hinweis: Es ist ganz wichtig, dass Sie in jeder aufgeführten Übung die Knie geschlossen am Sattel halten.
Nicht pressen, sondern umschließen Sie das Pferd sanft damit.
Gerade so viel, dass Sie bei Ihren Übungen nicht selbst ins Wackeln geraten, aber genügend, damit Sie nicht zu Boden fallen können, falls das Pferd mal einen unerwarteten Sprung zur Seite macht.

Übung 2

2 Nehmen Sie nun die Arme langsam nach oben, halten Sie die Hände geschlossen aneinander, Handfläche an Handfläche. Strecken Sie dabei den Oberkörper etwas hoch, aber halten Sie Ihren Po am Sattel, ebenso Ihre Knie.
Üben Sie diese Haltung nun zwei Runden lang.
Danach wiederholen Sie das Ganze wie in der Übung eins, ohne Steigbügel.

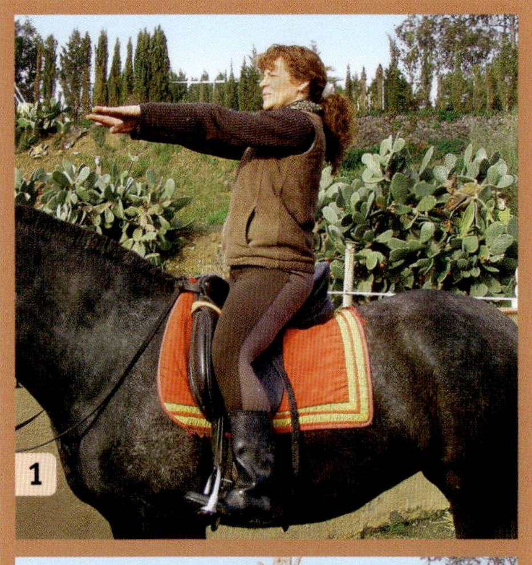

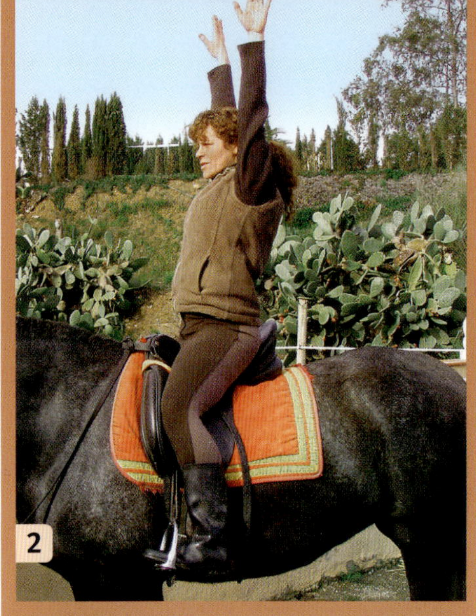

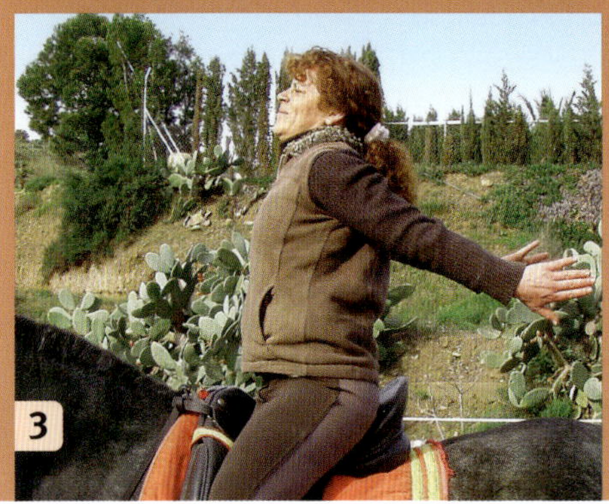

Übung 3

Beginnen Sie nun, mit den Armen zu rotieren. Strecken Sie sie nach vorne, dann hoch und dann nach hinten, zunächst von vorne nach hinten, danach in umgekehrter Reihenfolge, von hinten nach vorne.
Bitte langsame Bewegungen durchführen. Zählen Sie langsam mit:

1 Arme vorstrecken: eins ... zwei ... drei ...

2 Arme hochstrecken: eins ... zwei ... drei ...

3 Arme nach hinten strecken: eins ... zwei ... drei. Wenn Sie die Arme vorstrecken, schauen Sie bitte nach vorne; wenn die Arme hoch gehen, schauen Sie bitte auch nach oben. Wenn die Arme nach hinten gehen, legen Sie den Kopf zurück und schauen ebenfalls nach oben. Versuchen Sie bei dieser Übung trotz der Anstrengung auch zu erfühlen, welches Pferdebein gerade arbeitet.

Wenn dies alles gut klappt, auch diese Übung wieder ohne Bügel machen.

Tipp

Sie werden merken, dass Sie bei allen Übungen, die Sie ohne Bügel vornehmen, vermehrt einen guten Knieschluss brauchen, damit Sie gerade sitzen bleiben und nicht ins Schwanken geraten.
Das ist der Sinn und Zweck aller Übungen, die hier aufgeführt sind.

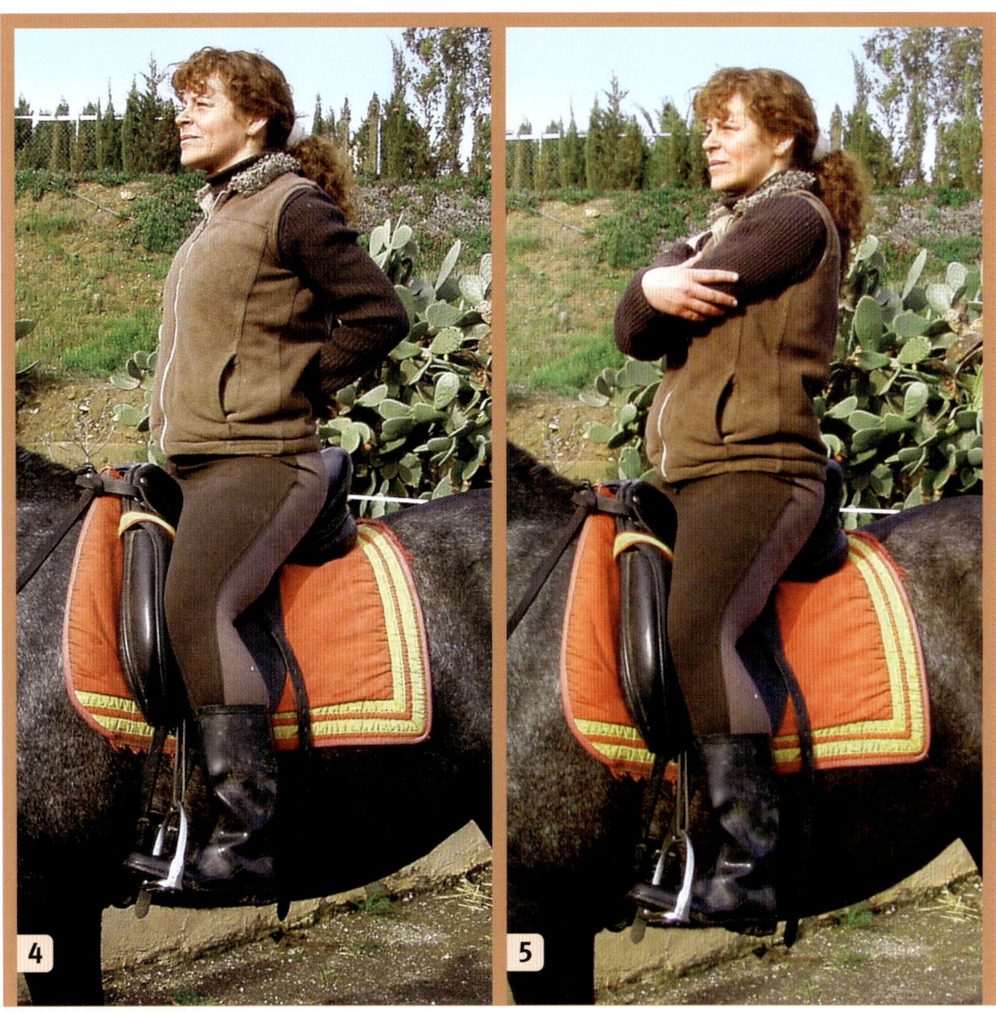

Übung 4

4 Verschränken Sie die Arme auf dem Rücken, schließen Sie die Augen dabei. Zwei Runden lang durchfühlen, danach auch diese Übung ohne Steigbügel. Während Sie die Augen geschlossen halten, konzentrieren Sie sich bitte auf eine ruhige Atmung und versuchen Sie erneut zu erfühlen, welches Pferdebein jeweils gerade aktiv ist.

Übung 5

5 Verschränken Sie die Arme vor der Brust. Ebenfalls wieder zwei Runden lang, schließen Sie auch dabei die Augen. Danach wird diese Übung ebenfalls ohne Steigbügel durchgeführt.
Bei dieser Übung können Sie ruhig auch einen kurzen Relaxmoment einbauen, indem Sie Ihren Kopf auf Ihre Brust absinken lassen.

Übung 6

Strecken Sie Ihre Arme nach vorne, und bewegen Sie sie dann in horizontaler Position nach hinten.

1 Ihre Arme zeigen nun Richtung Pferdepo. Sie drehen dabei Ihren Oberkörper mit und schauen ganz weit nach hinten in die Ferne, den Kopf bitte gerade halten.

Wenn das alles prima klappt, machen Sie auch diese Übung ohne Bügel, und dabei werden Sie feststellen, dass Sie einen guten Knieschluss brauchen, um nicht ins Wackeln zu geraten.

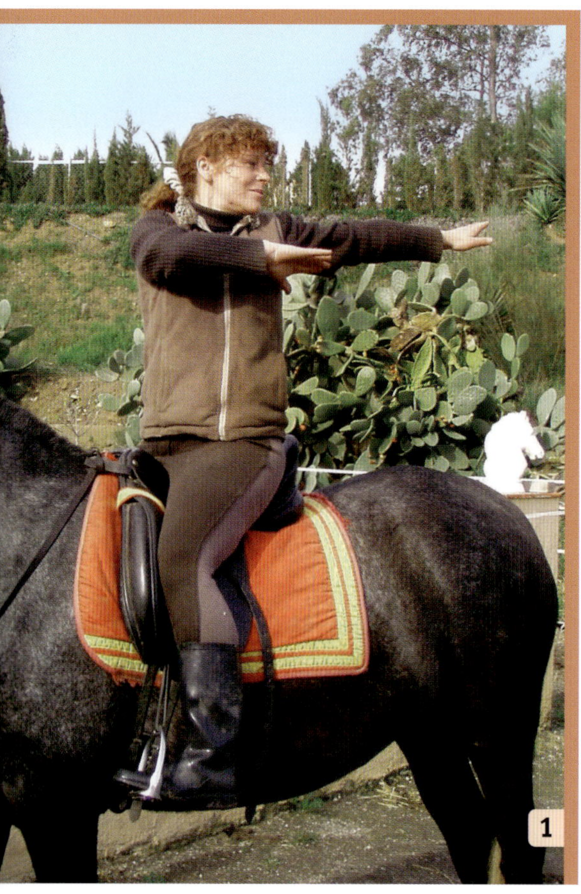

Die Wiederholung im Trab

Nun haben Sie schon mal im Schritt durchgefühlt, wie es um Ihr zügelunabhängiges Reiten bestellt ist.
Wir wiederholen jetzt alle Übungen erneut, allerdings im Trab. Ihr Longenführer fordert das Pferd zu einem ruhigen Arbeitstrab auf.

Das Leichttraben

Es gibt innerhalb des Trabes noch eine weitere Übung: nämlich das Leichttraben. Innerhalb der konventionellen Reitweise werden Sie diese Übung erlernen müssen, denn sie wird auch in Dressurprüfungen verlangt. Ich persönlich trabe allenfalls mit Jungpferden leicht beim Anreiten.
Auf alle Fälle ist das Leichttraben bei den Übungen an der Longe ein perfektes Mittel, um den Knieschluss zu erlernen. Traben Sie also auch mal leicht und wiederholen Sie alle Übungen. Klappt alles mit Bügeln prima, schlagen Sie die Bügel über.
Sie werden jetzt sicherlich feststellen, wie anstrengend das Leichtraben ohne Bügel ist, wie sehr Sie einen guten Knieschluss dazu brauchen.

Ruhig atmen und nicht hetzen

Ganz wichtig innerhalb des Leichtrabens ohne Bügel ist das vernünftige Ein- und Ausatmen, es kann Ihnen sonst ganz schnell passieren, dass es in Ihrer Rippengegend anfangen wird zu stechen. Dieses Seitenstechen kommt häufig vor, innerhalb dieser Übung. Es ist für Ungeübte recht anstrengend, ohne Bügel leicht zu traben. Hetzen Sie sich nicht selbst: Am ersten Tag nur 15 Minuten generelles Training, den nächsten Tag wieder und Stück für Stück steigern.

Die Wiederholung im Galopp

Nachdem auch Ihre Übungen im Trab bestens klappen, wird das Ganze im Galopp wiederholt.
Auch hier ist es wichtig, dass das Longenpferd es gewohnt ist, in einem ruhigen, taktreinen Arbeitsgalopp zu gehen. Ein unruhiges Pferd, das ständig taktunsauber läuft, mal schneller, mal langsamer wird, oder auch ein Longenführer, der nicht die nötige Kompetenz hat, um das Pferd im ruhigen Galopp zu halten, hilft Ihnen nicht viel weiter. Optimal für alle Übungen sind natürlich Pferde, die schon für Voltigierarbeiten erprobt wurden.

Erarbeiten von Übergängen

Nun, wenn Sie in allen vorangegangenen Trainingsabläufen sicher sind, sollte Ihr Longenführer Übergänge durchführen, und zwar sehr viele.
Immer nur ein paar Tritte traben, um dann plötzlich in den Schritt überzugehen, plötzliches Angaloppieren, ohne dass Sie es vorher wussten. Während dieser Vorgänge machen Sie einfach Ihre jeweilige Übung immer weiter. Das klingt leichter, als es ist. Und aufpassen müssen Sie besonders, wenn es plötzlich in die Übung Nummer 6 geht, und das z. B. vom Schritt in den Galopp. Besonders in dieser Lektion, bei der Sie sich mit Ihrem Oberkörper nach hinten drehen müssen, könnten Sie im Galopp ein Problem bekommen.
Also arbeiten Sie langsam an sich selbst, und lassen Sie diese Übergänge erst durchführen, wenn Sie sich sehr, sehr sicher in allen Übungen fühlen.

Mein Tipp

Gerade Reiter, die ansonsten keinen anderen Sport ausüben und noch keine gut trainierte Muskulatur besitzen, werden merken, dass Reiten ein Sport ist, bei dem man sehr viele Muskeln braucht. Viele meiner Reitschüler haben mir oft nach diesen Übungen gesagt, dass sie am nächsten Tag Muskeln verspürt hätten, von denen sie gar nicht wussten, dass es diese gibt. Wichtig ist aber wirklich, durchzuhalten.
Bestes Mittel gegen den Muskelkater am folgenden Tag ist, sanft weiterzumachen. Die ersten fünf Minuten werden schmerzhaft sein, danach wird es besser, glauben Sie mir.
Ungeübten empfehle ich auch, vor dem Arbeiten zu Pferde etwas Bodengymnastik zum Lockern und Erwärmen der Muskulatur durchzuführen. Trainingsabläufe aus dem Pilates-Programm eignen sich dazu besonders gut.
(Infos über die Pilates-Methode kann man sich einfach über das Internet besorgen.)

Grundlagen geduldig aufbauen

Erst wenn Sie all diese Übungen beherrschen, können Sie sich mit meinem nächsten Kapitel auch praktisch befassen.
Denn Grundvoraussetzung dafür ist, dass diese Übungen, die ich hier beschrieben habe, sitzen. Sie müssen für weiterfolgende Trainingsabläufe absolut sicher im Sattel sitzen, in allen drei Grundgangarten. Um die Reitkunst zu erlernen, ist eine systematische Basis bei der Grundlagenarbeit mit dem Pferd unerlässlich.

Stimmsignale, Impulsarbeit und Verbesserung der Körperdurchspannung

Bevor Sie nun zu Pferde weiterführende Übungen durchführen, um eine bessere Körperdurchspannung zu erreichen, müssen Sie zunächst einmal Ihr Pferd auf feinste Stimmsignale trainieren. Will heißen, jetzt ist erst mal Longenarbeit angesagt. Sollten Sie bisher gänzlich ohne Stimmsignale beim Longieren und Reiten gearbeitet haben, müssen Sie sich erst mal selbst mentalisieren.

Das Festigen der Stimmsignale

Ich will Ihnen das Warum dieser feinen Stimmkommandos erklären:
Das Pferdegehirn lebt durch die Erinnerungen. Es wird sich ein Leben lang an fest eingeprägte Abläufe erinnern, und so auch an Ihre Stimmsignale. Sollten Sie Ihr Pferd bereits mit Stimmkommandos an der Longe trainiert haben, verwenden Sie bitte bei den Übungen, die innerhalb dieses Kapitels aufgeführt werden, auch immer die Kommandos, die Ihr Pferd bereits bestens kennt.

Meine Tipps

- Vermeiden Sie hohe, schrille Töne und schreien Sie Ihr Pferd nicht an. Sagen Sie Ihre Stimmkommandos viel mehr mit fester Stimme, ruhig-auffordernd im Tonfall.
- Achten Sie auch darauf, dass Sie mittels Körpersprache Ihre Stimmkommandos noch zusätzlich unterstützen.

Sollten Sie bisher noch nicht viel oder gar nicht mit Ihrer Stimme gearbeitet haben, werden Sie dies nun Stück für Stück selbst lernen, und Ihr Pferd lernt ebenso mit Ihnen.

Feste Kommandos wählen

Beginnen Sie bei der Longenarbeit mit festen Kommandos. Suchen Sie sich ein Kommando aus für den Schritt, eins für den Trab und eins für den Galopp. Es ist nicht wirklich wichtig, was Sie sagen, sondern vielmehr muss es immer das gleiche Wort sein, für jede einzelne Gangart ein unterschiedliches Wort, damit das Pferd differenzieren kann.
Wählen Sie auch einen Laut aus, der Ihr Pferd beruhigt, und einen weiteren, der es veranlasst, stehen zu bleiben. Wenn Ihr Pferd zu stürmisch wird innerhalb einer Gangart, müssen Sie es per Stimme beruhigen können.

- Für den Schritt wählen Sie am besten auch das Wort »Schritt«.
- Für den Trab funktioniert prima ein lang gedehntes, ruhiges: »Teeerab«.
- Für den Galopp passt ein durchdringendes »Galopp« oder »Hopp«.
- Zum Beruhigen hilft oft ein sanftes »Schschschsch«.
- Zum Anhalten eignet sich vorzüglich ein kurzer energischer Piff, der hinten im Ton tief klingen soll.

Trainieren Sie nun also Ihr Pferd immer wieder mit den gleichen Kommandos in den einzelnen Gangarten. Sie werden nach einer Zeit merken, dass Sie den Einsatz einer Longierpeitsche gar nicht mehr brauchen. Je eher Sie diese weglassen können, umso besser. Für den Schritt drehen Sie sich sanft mit, wenn Ihr Stimmkommando kommt, Ihre innere Schulter geht etwas zurück, Ihre äußere ein wenig vor, Ihr äußerer Fuß tritt leicht verstärkt auf. Beim Antraben können Sie die gleichen Bewegungen etwas energischer ausführen, und beim Galopp sollten Sie auch mit dem eigenen Körper leicht in einer Art Galoppsprung auf der Stelle mitgehen.

Werden Sie zum »Pferdeflüsterer«

Am Anfang werden Sie diese Signale vielleicht etwas energischer ausführen müssen, bis Ihr Pferd sich daran gewöhnt hat. Auch Sie selbst brauchen Zeit, um einzuschätzen, wie viel Körpereinsatz von Ihnen für die Gangartwechsel erforderlich sind. Aber später dann, wenn Sie und Ihr Pferd gelernt haben, werden Sie Ihre Stimmkommandos nur noch flüstern müssen. Ihre Körpersprache wird nur noch aus feinsten, kaum wahrnehmbaren Bewegungen bestehen – aber das Pferd kann dies dann alles umsetzen.
So kommt es Zuschauern oftmals vor, als würde sich das Pferd scheinbar wie durch Telepathie vorwärtsbewegen oder angehalten werden. Dabei ist dies nichts weiter als die Anwendung von Verknüpfungen und Erinnerungen sowohl im Gehirn des Pferdes als auch in jenem des Menschen.

Gewöhnen des Pferdes an minimale Impulse

Wenn Ihr Pferd nun gelernt hat, auf Ihre Stimmkommandos die Gangarten zu wechseln, lassen Sie sich wieder an die Longe nehmen. Nun werden Sie Ihr Pferd darauf trainieren, nur auf Ihr Stimmkommando hin im Schritt loszugehen, im Trab und Galopp ebenso.
Der Longenführer ist nun nur noch dazu da, Ihr Pferd sicherheitshalber an der Longe zu halten, falls der eine oder andere Übergang noch nicht klappt. Sie haben nach wie vor keine Zügel in der Hand, das Pferd ist durch den Longenführer lediglich an einem Kappzaum oder einem Serreton befestigt.
Wahrscheinlich werden Sie durch fleißige Vorarbeit, die Sie geleistet haben, den gewünschten Erfolg verbuchen können. Klappen alle Gangarten einzig und alleine durch Ihr Stimmkommando und das geschmeidiges Mitgehen mit den Bewegungen des Pferdes, beginnen Sie zusätzlich, mit mehr Körperdurchspannung zu arbeiten.
Sie müssen versuchen, mit dem Pferdekörper zu verschmelzen, zu einer einzigen Figur zu werden. Eine gerade Körperhaltung ist dazu zunächst einmal Grundvoraussetzung. Sollten Sie je gelernt haben, Ihren Absatz oder die Hacke zum Treiben zu verwenden, vergessen Sie diese alten Muster bitte sofort. Wenn wir treibend mit dem Reiterbein auf das Pferd einwirken wollen, tun wir das lediglich mittels Oberschenkel, Knie und Wade.
Schon unsere alten Reitmeister François Robichon de la Guérinière und Antoine de la Baume Pluvinel predigten dies in ihren alten Lehren in der Barockzeit.
Ein kurzes Zucken der Waden, das Kreuz leicht anspannen, das Brustbein hochziehen und die Schultern zurücknehmen – dies muss reichen, um ein Pferd vorwärtszubewegen. Wir machen hierzu folgende Übung:

Übung Anreiten

Setzen Sie sich aufrecht auf Ihr Pferd. Ziehen Sie Ihr Brustbein bitte etwas nach oben an. Gleichzeitig werden die Schultern etwas zurückgenommen.
Wenn Sie jetzt mit Ihrem Po von hinten nach vorne einmal kurz einsitzen und auch ein wenig die Kreuzmuskeln anspannen und diese gesamte Spannung dann wieder loslassen, reicht dies völlig aus, um Ihr Pferd anzureiten. Kombinieren Sie diese Hilfen mit Ihrer Stimmhilfe.
Versuchen Sie, diese Feinmotorik in Ihrem Gehirn wirken zu lassen. Es dauert mindestens drei Tage, bis das Großhirn diese Durchspannungsabläufe abgespeichert hat und sie ans Kleinhirn weitergibt. Lassen Sie sich also die nötige Zeit.

Nicht viel hilft viel

Für Ihr Pferd gilt: Geben Sie ihm immer nur minimale Impulse, um zum Beispiel die Gangart zu wechseln, anzuhalten, schneller zu werden. Ein dauerhaftes Klopfen mit den Hacken oder Absätzen stumpft Ihr Pferd ab. Machen Sie mal den Test an sich selbst: Tippen Sie mit dem rechten Zeigefinger gegen Ihre linke Hand, machen Sie das etwa 20-mal hintereinander. Irgendwann ist es Ihnen gleichgültig, Sie spüren es fast nicht mehr. Um den Vergleich zu haben: Tippen Sie nun einmal kurz gegen Ihre linke Hand mit dem Zeigefinger. Und wiederholen Sie es erst nach etwa einer Minute. Sie werden sehen, dass diese Berührung, wenn sie eher überraschend durchgeführt wird, viel effektiver ist.

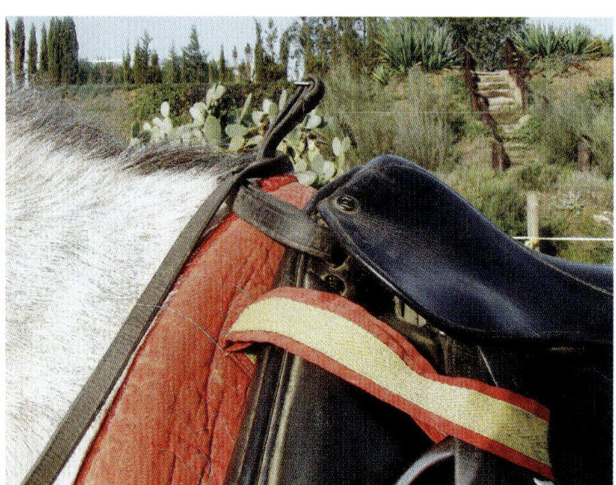

Zügel (zur Sicherheit) am Sattel eingeknotet

Reiten mit Trense und losen Zügeln

So, nun können Sie völlig relaxt auf die nächste Übung zugehen. Sie werden nun versuchen, Ihr Pferd ohne Zügelkontakt in der Reitbahn zu reiten. Sollten Sie über einen Roundpen oder Longierzirkel verfügen, würde ich es an Ihrer Stelle zunächst einmal aus Sicherheitsgründen dort probieren. Alternativ dazu kann man auch einfach mit Elektroband eine Reitbahn zur Hälfte optisch verkleinern, wenn man weder Roundpen noch Longierzirkel zur Verfügung hat. Für das erste Mal empfehle ich lieber, auf Nummer sicher zu gehen, bis Sie sicherer sein werden, auf diese Art zu reiten.

Die Zügel sichern

Schnallen Sie oben am Vorderzwiesel Ihres Sattels einen kleinen Riemen an, durch diesen führen Sie die Zügel und schnallen sie dann wieder zusammen.
Dies machen wir aus Sicherheitsgründen, damit die Zügel nicht mal unbeabsichtigt bis zum Genick des Pferdes rutschen können. Wenn das Pferd in einem solchen Fall den Kopf senken würde, könnte es passieren, dass die Zügel über den Kopf fallen. Das Pferd könnte dadurch entweder unbe-

absichtigt mit seinen Vorderhänden in die Zügel gelangen, was einen Sturz zur Folge haben könnte. Oder aber es würde bemerken, dass Sie nun völlig hilflos obendraufsitzen – und es soll Kandidaten geben, die das durchaus ausnutzen und fröhlich buckelnd davonlaufen, während ihr Reiter verloren obendraufsitzt.

Im Schritt anreiten und anhalten

Besteigen Sie nun also Ihr Pferd, und reiten Sie im Schritt an, ohne die Zügel aufzunehmen. Durch das ständige Training an der Longe haben sich Ihre Muskeln verstärkt, und Sie verfügen jetzt wahrscheinlich über einen sehr guten Knieschluss. Ebenso haben Sie gelernt, Ihre Kreuzmuskulatur leicht durchzuspannen. Das war Sinn und Zweck der Übergangsübungen. Wenn Ihr Pferd nun im Schritt losläuft, wird es möglicherweise die Zügel vermissen. In diesem Fall sollten Sie es von Anfang an sanft auf den Hals klopfen und beruhigend mit ihm reden. Sie haben ihm das sanfte »Schschschsch« antrainiert. Es wird darauf hören und ruhig im Schritt-Tempo bleiben. Versuchen Sie sich zunächst einmal im Ausreiten der ganzen Bahn, oder folgen Sie einfach dem Zirkel des Roundpens. Probieren Sie nach einer Weile mal das Anhalten. Denken Sie daran, dass Sie auch Ihre erlernte Körperdurchspannung nutzen.
Hat alles gut geklappt? Ihr Pferd hat angehalten? Prima, loben Sie es ausgiebig!

Handwechsel

Versuchen Sie nun einen Handwechsel, ohne in die Zügel zu greifen. Sie gehen dabei folgendermaßen vor:

- Sie befinden sich auf der linken Hand und wollen nun nach rechts wenden.

Mein Tipp

Was besonders gut hilft bei dem Versuch, das Pferd zum Halten durchzuparieren, ist, rückwärts zu denken.
Denken Sie nach hinten, oder stellen Sie sich eine Mauer vor, die plötzlich vor Ihnen und Ihrem Pferd auftaucht, die Sie unmöglich durchreiten können.

- Nehmen Sie Ihren linken Arm und lassen ihn über den Sattel hinweg nach rechts gehen.
- Deuten Sie mit dem linken Arm nun in Richtung nach hinten.
- Drehen Sie sich dabei im Oberkörper mit und schauen Sie auf die rechte Pobacke Ihres Pferdes. Im Prinzip nichts anderes als Ihre Übung an der Longe, als Sie mit beiden Armen nach hinten zeigen mussten.
- Wenn Sie nun noch den inneren, rechten Bügel etwas mehr austreten, etwas mehr Gewicht hineinlegen und Ihr linkes, äußeres Knie schön am Sattel lassen, müsste es mit dem Teufel zugehen, wenn Ihr Pferd diese Signale zu einem Richtungswechsel nicht annimmt.

Zusätzliche Stimmsignale

Ganz hilfreich ist es auch, wenn Sie für die Handwechsel ebenso ein Stimmkommando verwenden, beispielsweise ein einfaches »links« und »rechts«. Sie werden erstaunt sein, wie schnell Ihr Pferd auch diese beiden Kommandos lernen wird. Später wird es Handwechsel nur auf ein Schulterzucken von Ihnen durchführen – bauen Sie das gleich beim Training mit ein.

Mein Tipp

Wenn Ihr Pferd partout nicht wenden will, überprüfen Sie bitte Ihre Hüfthaltung: Knicken Sie vielleicht in der Hüfte ein? Dann sitzen Sie kontraproduktiv im Sattel ein. Oberkörper schön gerade lassen, nicht wegknicken in der Hüfte. Sie müssen sich den Handwechsel zutrauen, und Sie müssen an sich selbst glauben. Denn wenn Sie nur einen Moment zweifeln, ob es so funktionieren wird, gibt Ihr Körper instinktiv diese Botschaft weiter, er arbeitet nur mit halbem Einsatz.

Mit dem Zügel »intervenieren«

Klappt der Handwechsel nicht, obwohl Sie scheinbar alles richtig gemacht haben, dürfen Sie ruhig einmal kurz den jeweiligen Zügel mit benutzen, um dem Pferd die Richtung zu weisen.
Das Gleiche gilt, wenn das Pferd zu schnell wird und, statt im Schritt zu bleiben, vorwärtstrabt. In diesem Fall sollten Sie sogar energisch in einen der Zügel greifen und das Pferd mit einem etwas rauen Zug, verbunden mit dem Stimmkommando, zum ruhigen Schritt auffordern.
Je energischer Sie beim ersten Mal in den Zügel fahren, je ruhiger, aber bestimmter Ihr Stimmkommando kommt, desto eindrucksvoller wird sich dies bei Ihrem Pferd einprägen, und Sie werden wahrscheinlich nie wieder einen erneuten groben Zügelzug anwenden müssen.

Übergehen zum Trab

Hat nun alles gut im Schritt geklappt und haben Sie so gut wie gar nicht die Zügel aufnehmen müssen, können wir zum Trab übergehen. Gehen Sie dabei wie folgt vor: Lassen Sie Ihr Pferd mit dem gewohnten Stimmkommando antraben, benutzen Sie zusätzlich Ihre Körperspannung, will heißen: die Knie schön geschlossen am Sattel halten und das Pferd mit der Kreuzmuskulatur animieren anzutraben. Sie geben immer nur einen feinen Impuls.
Wenn Ihr Pferd nun angetrabt hat, reiten Sie auf alle Fälle erst mal nur geradeaus oder im Roundpen/Longierzirkel die Zirkellinie. Lassen Sie Ihr Pferd zunächst einmal nur fünf Tritte traben, und parieren Sie es dann mit dem dazugehörigen Stimmkommando wieder zum Schritt durch.
Das wiederholen Sie bitte in den nächsten 10 Minuten, bis Ihr Pferd begriffen hat, dass es, obwohl nicht mittels Zügel gearbeitet wird, trotzdem nicht schneller werden soll.

Wenn Sie bremsen müssen

Sollte Ihr Pferd stürmisch loslaufen oder gar in den Galopp fallen wollen, müssen Sie die Zügel zu Hilfe nehmen, falls Sie es nicht schaffen, es mittels Körperdurchspannung und Stimmkommandos im Trabtakt zu halten. Geben Sie einen einseitigen, festen Anschlag, er muss abrupt kommen, sodass das Pferd überrascht wird. Nur so wird es beim nächsten Mal vorsichtiger sein und im gewünschten Tempo bleiben. Sobald das Pferd wieder ruhiger wird und im gewünschten Tempo weiterläuft, loben Sie es und klopfen ihm sanft den Hals.

Zur »Krönung« – im Galopp

Wenn Sie es nach einigen Tagen geschafft haben, dass Ihr Pferd immer feiner auf Ihre Stimmkommandos und Körperdurchspannungssignale reagiert, können Sie sich im Galopp versuchen.

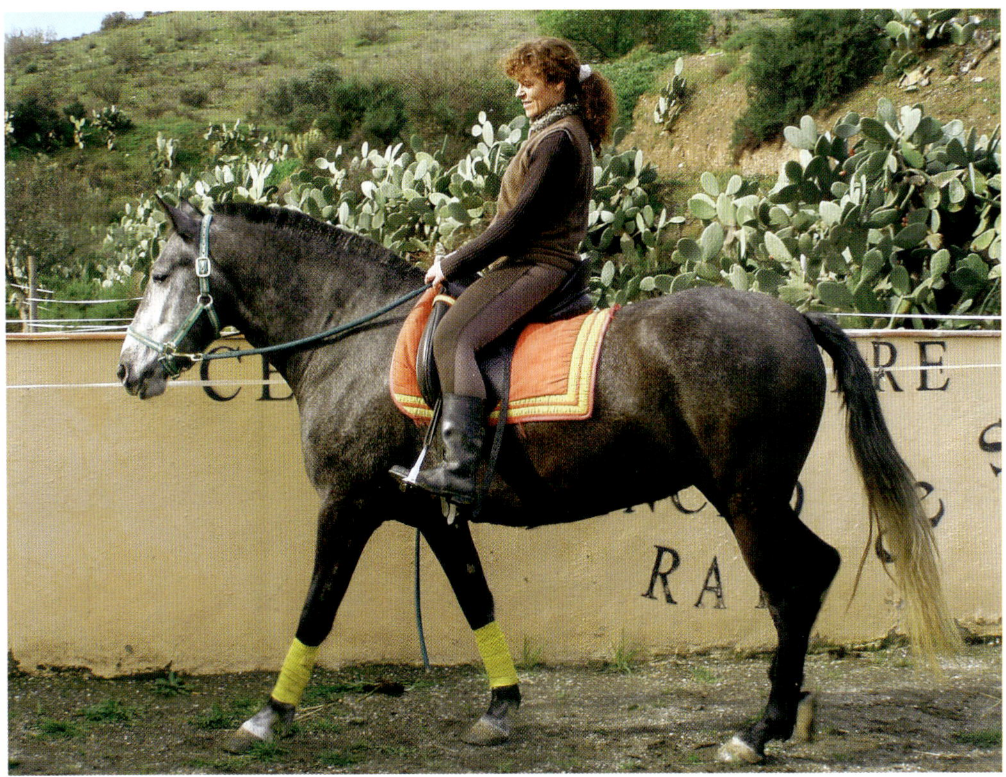

Reiten mit Stallhalfter – ein tolles Gefühl!

Gehen Sie genauso vor wie auch im Trab. Erst wenn all dies sicher klappt, können Sie zum nächsten Teil dieses Kapitels übergehen.

Reiten mit Stallhalfter

Es hat Sie sicher einige Wochen Training gekostet, um alle Lektionen aus den vorangegangenen Seiten zu verfestigen. Wenn Sie sich absolut sicher fühlen und auch Ihrem Pferd vertrauen, gehen wir einen Schritt weiter. Wir wollen alle Übungen nun mit Stallhalfter und daran eingeschnallten Stricken oder Tauen durchführen.

Auf beschränktem Raum

Bitte probieren Sie diese Art des Reitens immer zuallererst in der auf die Hälfte reduzierten Reitbahn, im Roundpen, oder auf dem Longierzirkel aus.

Sie wissen nie, wie Ihr Pferd reagieren wird, und dann sind Sie ohne »Maulkontakt« zum Pferd vielleicht doch eher »aufgeschmissen«, wenn es mal brenzlig wird.

Zu viel Platzangebot macht die Pferde oft schon mal übermütig. Ein eingegrenzter Radius bringt in einem solchen Fall viele Vorteile.

Es wäre gut, wenn Sie eine zweite, kompetente Person in Ihrer Nähe hätten. Ihre Sicherheit geht vor allem anderen.

Mein Tipp

Um die Richtung zu wechseln, halten Sie beide Stricke wie normale Zügel in der Hand, bitte leicht durchhängend. Sie sollen keinen festen Kontakt zu dem Halfter herstellen.

Die vorherigen Übungen wiederholen

Beginnen Sie genauso, wie Sie es beim Reiten mit Trense und losen Zügeln gelernt haben. Arbeiten Sie sich durch bis zu den Galoppübungen.

Wenn Sie gute Vorarbeit geleistet haben, wird Ihr Pferd alle Übungen voller Vertrauen mitmachen, und es wird es überhaupt nicht stören, dass es nun kein Gebiss mehr im Maul hat. Um uns darauf vorzubereiten, das Pferd nur mit Halsriemen zu arbeiten, müssen wir nun auch ein paar neue Übungen einbauen.

Mit »Strickzügel«

Wir sind in diesem Buch immer darauf bestrebt, eine bessere Körperdurchspannung für das spätere Dressurreiten zu erlernen und eine optimale Feinmotorik zu erhalten. Daher werden wir jetzt versuchen, unser Pferd nur mithilfe der beiden Stricke, die wir im Stallhalfter eingehakt haben, und unserer zuvor trainierten neuen Art der Körperdurchspannung zu reiten. Wir bauen aber noch ein paar neue Handhabungen mit ein.

Beginnen Sie, nachdem Sie nun ohne großen Kontakt zu den Stricken Ihr Pferd in allen drei Gangarten geritten haben, die Stricke aufzunehmen und als Zügel zu handhaben. Die Stricke hängen aber nach wie vor sanft durch, verkürzen Sie sie nur ein wenig, genau so viel, dass Ihr Pferd immer noch Kopf und Hals nach vorwärts-abwärts absenken kann.

Es wäre wünschenswert, wenn wir es in der Dehnungshaltung arbeiten könnten. Vergessen Sie zunächst einmal jegliche Form von Versammlung. Wir wollen ein lockeres, entspanntes Pferd, das sich im Moment einfach nur in den drei Grundgangarten bewegen soll. Stück für Stück lehren wir unser Pferd nun, dass es beim Anlegen des jeweiligen diagonalen Strickes an seinen Hals in die entgegengesetzte Richtung abwenden soll. Sie gehen wie folgt vor:

- Wenn Sie sich nun beispielsweise auf der rechten Hand befinden und nach rechts abwenden wollen, benutzen Sie bitte Ihre erlernte Körperdurchspannung und legen den linken, jetzt zum äußeren werdenden Strick etwa mittig am Hals Ihres Pferdes an.
- Gleichzeitig nehmen Sie die Hand, in der Sie den rechten Strick halten, etwas tiefer und geben einen kurzen Impuls/Zug nach rechts hinten.
- Wenn nun noch Ihr äußerer Oberschenkel, Wade und Knie schön am Sattel bleiben und der Bügel rechts etwas ausgetreten wird, wendet das Pferd ohne Probleme ab.
- Schauen Sie in die neue Richtung, in die das Pferd abwenden soll.

Die Hände seitlich belassen

Ziehen Sie niemals die Hand über den Mähnenkamm bei dem Versuch, den Strick oder Zügel an den Hals anzulehnen, sie hat dort nichts zu suchen. Jede Hand, ganz gleich, welche Aktion wir auch durchführen, bleibt schön auf ihrer Seite.

Ausnahme: wenn wir versuchen, das Pferd nur mit Körperdrehung in eine Wendung zu bekommen, bei den komplett »zügellosen« Lektionen. Zum Trainieren des Gleichgewichtssinnes und zum Folgen der Schwerkraft ist das legitim.

Anreiten

Beim Anreiten ist es ganz wichtig, dass Sie immer aus den Ellenbogen heraus mit beiden Reiterhänden sanft etwas nach vorne gehen. Aufpassen: Nicht den Oberkörper dabei mit nach vorne fallen lassen. Nur die Ellenbogen geben sanft nach vorne nach, damit das Pferd den Tritt auch rauslassen kann.

Durchparieren

Zum Durchparieren verwenden wir jetzt auch zusätzlich unsere Stricke. Sie geben Ihr Stimmkommando gemeinsam mit den Körperdurchspannungshilfen.
Sie umschließen Ihr Pferd mit den Schenkeln, so als wollten Sie es mit den Beinen umarmen, wirken dabei gleichzeitig mit Ihren Knien und Oberschenkeln von vorne nach hinten ein. Also umschließen, Muskeln anspannen in einer Art von vorne nach hinten gehender Rotation. Ein sanfter Kontakt zu den Stricken, einfach nur ganz fein das Handgelenk etwas anheben und nur mit Milligrammzug die Parade geben. Ihr Pferd sollte nun ohne Probleme durchparieren.

Ausreichend Zeit lassen

Je nachdem, wie oft Sie zum Reiten Zeit haben, müssten Sie es eigentlich in einem Zeitraum von etwa zwei bis drei Monaten geschafft haben, dass Ihr Pferd auf die feinsten Impulse und Hilfen reagiert. Sie haben in der gleichen Zeit eine deutlich bessere Körperdurchspannung erlernt. Bevor wir zur gewohnten Dressurarbeit und deren Lektionen übergehen, möchte ich Sie jetzt noch im Training mit dem Halsriemen anweisen.

Reiten mit Halsriemen/Halsring

Es ist ein erhebendes und fast schon berauschendes Erlebnis, wenn man das erste Mal ein Pferd, nur mit einem Halsriemen/-ring ausgestattet, arbeitet. Sie brauchen dazu entweder ein etwas festeres Tau, das auch von der Konsistenz eher rau ist, oder Sie kaufen sich einen richtigen Halsring im Reitzubehörfachhandel. Der käuflich zu erwerbende Halsring hat den Vorteil, dass man seine Größe verstellen kann. Ich selbst ziehe ein dickeres Tau vor, um so mit Pferden zu arbeiten, weil es einfach meines Erachtens nach noch besser durchwirkt. Das Tau kann man in der Genossenschaft erwerben oder auch im Baumarkt. Aber das muss jeder für sich selbst entscheiden.

Mein Tipp

Bitte beachten Sie, dass Sie von einem unruhigen, eher nervösen Pferd und auch von Jungpferden nicht erwarten können, dass sie ewig ruhig stehen bleiben. Bei solchen Pferden halten Sie anfänglich nur kurz an, zählen bis drei, dann reiten Sie wieder an. Dies gilt ebenso für etwas trägere Pferde, auch diese sollten Sie nicht ewig stehen lassen, sondern zügig zur nächsten Aufgabe übergehen.

Den Halsriemen anpassen

Beim Halsring brauchen Sie nichts weiter machen, als ihn Ihrem Pferd über den Kopf zu streifen, die Größe anzupassen, und fertig ist alles. Das Tau müssen Sie sich erst zurechtknoten in der Größe, wie Sie es für den Hals Ihres Pferdes eben brauchen. Das ist eine Gefühlssache, man kann schlecht angeben, welchen Durchmesser es haben sollte.

Gehen Sie bei der Option mit dem Tau folgendermaßen vor:

Halten Sie erst einmal das noch nicht geknotete Tau um den Hals des Pferdes, und lassen Sie ca. eine Handbreit Luft zwischen Tau und Pferd. Dann stimmt es in etwa. Rechnen Sie noch gute 40 cm dazu, kappen Sie dann das Tau und knoten Sie es gut, aber wirklich gut und fest zusammen. Der Knoten darf sich nicht lösen. Sicherheitshalber können Sie ihn mit einem starken Teflon-Klebeband umwickeln.

Zu Ihrer Sicherheit

So ausgerüstet, wird es nun spannend. Für den allerersten Versuch möchte ich Ihnen trotzdem aus Sicherheitsgründen etwas vorschlagen:

Beim ersten Versuch, mit Halsriemen/-ring zu reiten, lassen Sie bitte die Trense und Zügel an Ihrem Pferd. Schnallen Sie die Zügel an den von Ihnen vorher schon angebrachten Riemen am Vorderzwiesel des Sattels. So haben Sie jederzeit die Möglichkeit, in die Zügel greifen zu können, falls Ihr Pferd nicht auf den Halsriemen/-ring reagieren sollte. Dies ist aber eher unwahrscheinlich. Es gibt meines Erachtens kein Pferd, das diese Art von Reiten nicht annehmen wird.

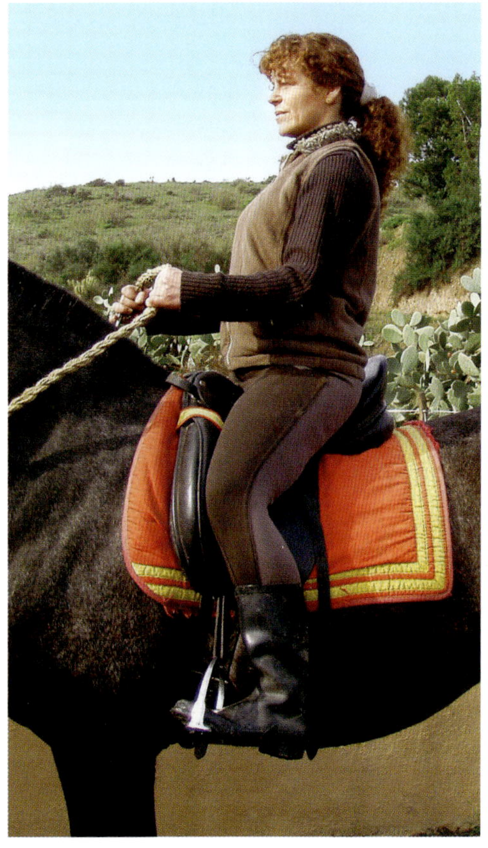

Der richtige Sitz von Reiter und Halsring

Aufsitzen ...

Besteigen Sie nun also Ihr Pferd. Nehmen Sie den Halsriemen/-ring etwas auf, achten Sie darauf, dass er nur ganz sanft an der Unterseite des Pferdehalses anliegt. Sie dürfen ihn nicht zu tief führen, aber auch nicht zu hoch.

Achtung: Liegt der Halsriemen/-ring fast in Brusthöhe des Pferdes an, ist er einfach zu tief, das Pferd ist an dieser Stelle des Körpers nicht so sensibel und wird den Impulsen des Halsriemens/-rings nicht folgen können, weil es diese dort gar nicht groß spüren wird.

Ist der Halsriemen zu hoch, also etwa in Kehlenhöhe oder am Speiseröhrebeginn, tun Sie Ihrem Pferd weh und schränken es womöglich in seiner Atmung ein.

... und anreiten

Dann legen Sie mal los: Wie gewohnt starten wir mit dem Anreiten im Schritt. Gehen Sie dazu etwas mit den Ellenbogen vor, der Halsriemen/-ring lässt nun etwas Luft zwischen Hals und Pferd. Sie berühren lediglich den Unterhals des Pferdes damit, wenn Sie eine neue Lektion fordern. Wir wollen uns ja daran gewöhnen, das Pferd mit den feinsten Hilfen und Impulsen zu reiten.

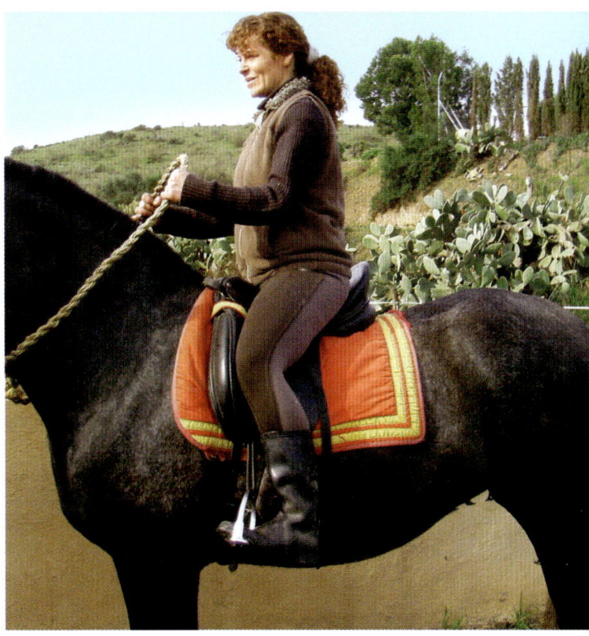

Anreiten: Die Ellbogen gehen vor, der Halsring lässt Luft zwischen Hals und Pferd.

Durchparieren

Probieren Sie nach einer guten Bahnrunde mal ein Durchparieren zum Halten, indem Sie zunächst Ihr Stimmkommando und Ihre Körperdurchspannung benutzen und gemeinsam dazu dann den Halsriemen/-ring. Sie nehmen Ihre Hände leicht höher, und mit einem ganz sanften Zugimpuls fühlen Sie nun in der Hand, dass der Halsriemen/-ring am Unterhals des Pferdes anliegt. Pariert Ihr Pferd nun durch zum Halten, ziehen Sie nicht an dem Halsriemen nach hinten, weil sonst das Pferd automatisch rückwärtslaufen würde. Gerade bei Reitern, die ein raues Tau verwenden, könnte dies passieren, denn die feinen Borsten des Taus piksen das Pferd leicht am Fell des Halses. Im Prinzip müssen Sie mit dem Halsriemen/-ring so umgehen, als hätten Sie rohe Eier in den Händen, die zerbrechen könnten. Arbeiten Sie jetzt alle drei Grundgangarten durch. Tun Sie das, wie gehabt, in einer halben Reitbahn oder im Roundpen/Longierzirkel. Es ist für die ersten Versuche einfach sicherer.

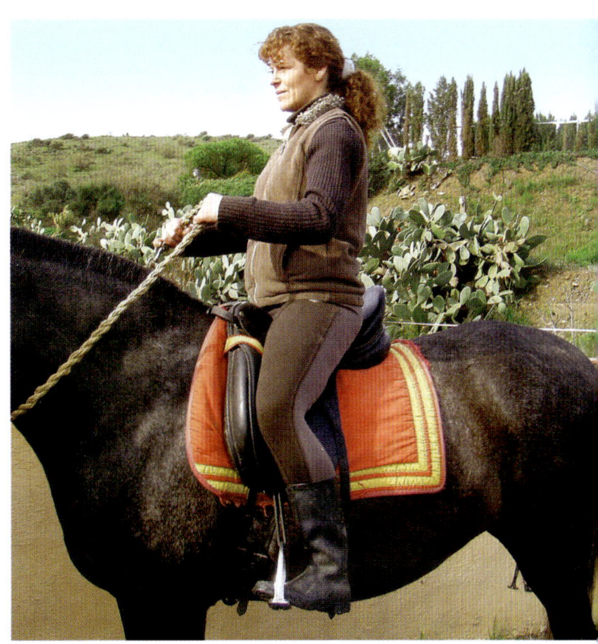

Zum Durchparieren genügt ein ganz feiner Zugimpuls.

Handwechsel mit Körpereinsatz

Handwechsel werden mit dem Halsriemen/-ring genauso durchgeführt, wie wir es schon vorher in den anderen Übungen getan haben, als wir noch Stricke zur Verfügung hatten.

Sie müssen jetzt ein bisschen herumprobieren, jedes Pferd hat auch eine andere Sensibilität – eines reagiert auf das kleinste Anlegen des Riemens, andere brauchen etwas mehr »Anlegen« desselbigen.

Jedes Pferd reagiert anders

Es gibt Pferde, die prima einfach nur schon auf die Körperdurchspannung reagieren, andere wiederum sind wahre Meister, wenn es heißt: Reiten auf Stimmsignale. Es kommt nun auf Sie an, wie sensibel Sie selbst sind und wie gut Sie Ihr Pferd kennen. Sie müssen erfühlen, wie Sie wann welche Hilfe einsetzen sollten. Ganz wichtig ist, dass Sie in jedem Handwechsel, beim Auf-dem-Zirkel-Gehen, Volten reiten, immer Ihren Körper mit einsetzen. Werden Sie geschmeidig, gehen Sie in den Biegungen selbst mit Ihrem Oberkörper mit, aber denken Sie daran, dass Ihre Reiterbeine immer schön sanft anliegen. Drehen Sie auch Ihren Kopf immer mit bei Wendungen und schauen Sie in die jeweilige Richtung.

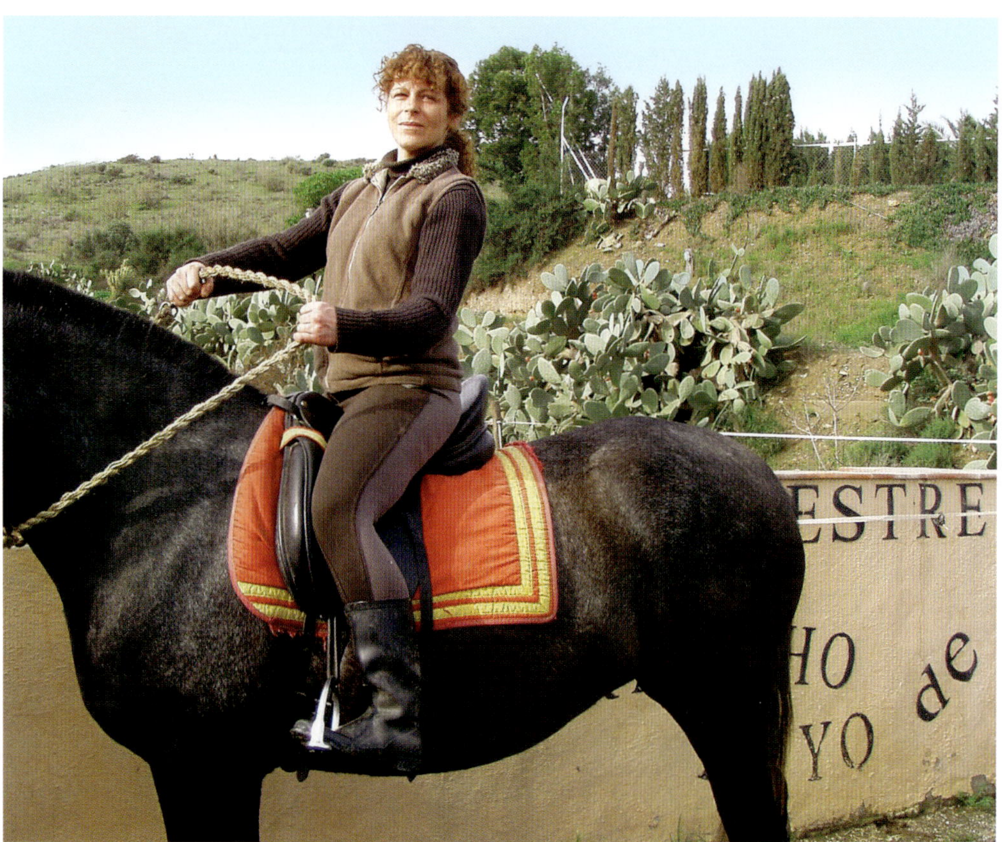

Halsriemenführung beim Handwechsel

Trainingsplan

Für alle Reiter, die ein eigenes Pferd haben, ist dieses Kapitel ein Muss. Ohne Plan geht nichts, allerdings muss man gerade bei der Arbeit mit Pferden bedenken, dass Tiere auch mal ihren guten oder schlechten Tag haben. Sie können nicht mit dem Brecheisen etwas erzwingen, wenn Ihr Pferd gerade partout keine Lust hat. Feinfühlige Reiter sollten dies rechtzeitig bemerken.

Was können Sie von Ihrem Pferd erwarten?

Wer sein Pferd gut kennt und sich insgesamt sehr gut in Tiere hineinversetzen kann, »ihre Sprache spricht«, wird immer erfolgreicher sein.
Es gibt Pferde, die Talent besitzen für die Dressurarbeit, Spaß daran haben, schnell lernen. Das sind die sogenannten Traumpferde. Dann gibt es solche, die nicht so bewegungsfreudig sind, und einige ihnen abverlangte Lektionen gehen weit über ihr physisches und mentales Potenzial hinaus. Also wägen Sie gut ab, was Sie von Ihrem Pferd verlangen können.

Aufbau eines Trainings – Beispiel

Das Grundprinzip eines guten Trainings wäre zunächst einmal die Vorwärts-abwärts-Lektion. Nach dem Lockern und Lösen des Pferdes und seines Reiters wäre eine Überprüfung der Geschmeidigkeit vernünftig. Einfache leichte Biege- und Beugeübungen, langsam an den Zügel stellen, bis das Pferd weich im Genick nachgibt und man übergehen kann in die versammelnden Lektionen. Machen Sie nicht den Fehler, Ihr Pferd mit ständigen Trablektionen zu langweilen. Wechseln Sie ab zwischen den einzelnen Tempi. Gerade etwas schläfrige Kandidaten bekommt man wach, indem man ihnen öfter ein neues Tempo vorgibt. Bei nervösen Pferden ist absolute Ruhe angesagt, sanfte Hände, weiche Führung, ein ruhiger Sitz, konsequentes Handeln und keine Überraschungsaktionen.

Ein eigenes Programm entwickeln

Schneidern Sie sich das persönliche Trainingsprogramm für sich und Ihr Pferd zurecht. Überprüfen Sie: Was kann ich – was kann mein Pferd? Wo will ich ausbauen? Was können wir gemeinsam erreichen? Setzen Sie sich ein realistisches Ziel, auf das Sie hinarbeiten wollen. Beginnen Sie neue Lektionen generell am Ende der Trainingsstunde. Sollte das Pferd die neue Lektion schnell begreifen, loben Sie es und hören Sie für diesen Tag auf. Fahren Sie so eine Woche lang fort, und Sie werden merken, wie schnell Ihr Pferd die neue Übung begriffen haben wird.
Der schlechteste Weg, eine Trainingsstunde durchzuführen, ist, stoisch 15 Minuten leicht zu traben, zehn Minuten durchzugaloppieren. Machen Sie die Trainingsstunde spannend für sich und Ihr Pferd. Routine und Langeweile können einem die Freude am Reiten nehmen, und dem Pferd die Freude an der Arbeit mit Ihnen. Dies soll allerdings nicht heißen, dass alte Übungen nicht wiederholt werden müssen.

Das Longieren

Das Longieren eines Pferdes sollte nicht einzig und alleine dazu dienen, dem Pferd Bewegung zu verschaffen.
Oft sieht man Reiter, die ihr Pferd vor dem Reiten erst einmal durch die Gegend hetzen, um es müde zu machen. Das hat mit richtigem und vernünftigem Longieren wirklich nichts zu tun.

Nicht nach starrer Regel

Zusammengeschnürte Pferde, eng verschnallte Ausbinder gehören weder beim Longieren noch beim Reiten zum Training.

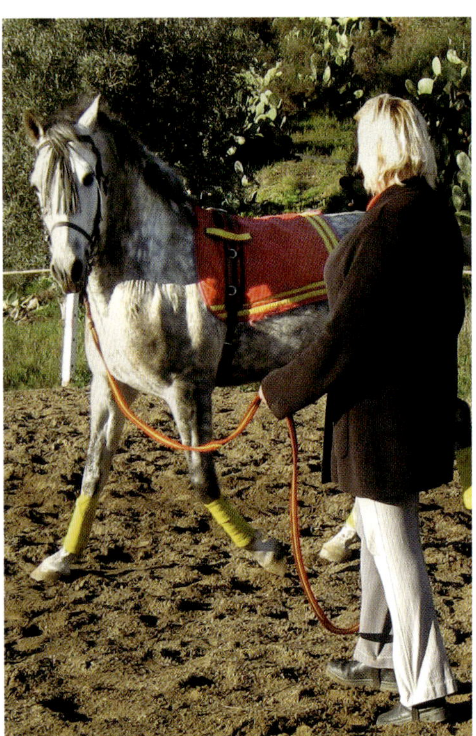

Ich tanze, tanzt du mit?

Wir verwenden beispielsweise einzig und allein Ausbinder, wenn es einem jungen Pferd besonders schwerfällt, die Zügel beim Anreiten anzunehmen. Diese werden allerdings sehr lang und großzügig verschnallt, damit das Pferd Kopf und Hals frei nach vorwärts-abwärts bewegen kann, und natürlich erfolgt das Einschnallen erst nach genügendem Ablösen des Pferdes. Aber diese Vorgehensweise ist in der Regel nicht notwendig.
Beim Longieren kennen wir die vorgeschriebenen Ausbildungsrichtlinien. Hier wirkt meines Erachtens nach das Longieren als ein sehr starrer Vorgang, alles dreht sich um das korrekte Halten der Longe, die nicht durchhängen darf, nach der Regel, die Longierpeitsche immer schön geschlossen zur Kruppe hin zu halten. Dabei könnte das Longieren so spielerisch und tänzerisch sein, wenn man mal ein bisschen von den starr strukturierten »Vorschriften« weggehen würde.
Lassen Sie Ihr Pferd tanzen und tanzen Sie mit. Für diese schöne Art zu longieren müssen Sie bestrebt sein, die Körpersprache des Pferdes zu erlernen. Denn wenn Sie Fehler machen mit Ihrer eigenen Körperhaltung, könnte das Pferd dies zum Beispiel als ein Signal auffassen, loszurennen oder stehen zu bleiben. Da Sie aber nicht allwissend sind, verstehen Sie nicht, warum das Pferd nun gestoppt hat, obwohl Sie doch wollten, dass es lediglich die Gangart wechselt. Beobachten Sie öfter mal die Körpersprache von fortgeschrittenen Reiterkollegen – »abzuschauen« wird Ihnen helfen.

Die Zäumung

Eins vorweg: Ich halte nichts davon, Pferden die Longe in das Gebiss einzuschnallen. Besonders die Methode, den Longenhaken durch den inneren Trensenring zu ziehen und dann am äußeren Trensenring einzuschnallen, halte ich für eine äußerst schmerzhafte Verschnallung. Jeder festere Zug, den Sie über die Longe geben, geht auf das Pferdemaul, zieht die Wassertrense im Pferdemaul zusammen und schmerzt so das Tier auf der Zunge und im Gaumen.
Ein Stallhalfter würde auch ausreichen. Ich persönlich bevorzuge beim Longieren den Kappzaum oder das Serreton. Schnallen Sie beide Kopfstücke bitte so an, dass sie nicht die Luftzufuhr einschränken, will heißen: nicht so tief, sodass die Nasentrompete des Pferdes eingeengt wird, aber genauso wenig dürfen Sie diese Kopfstücke zu hoch einstellen.

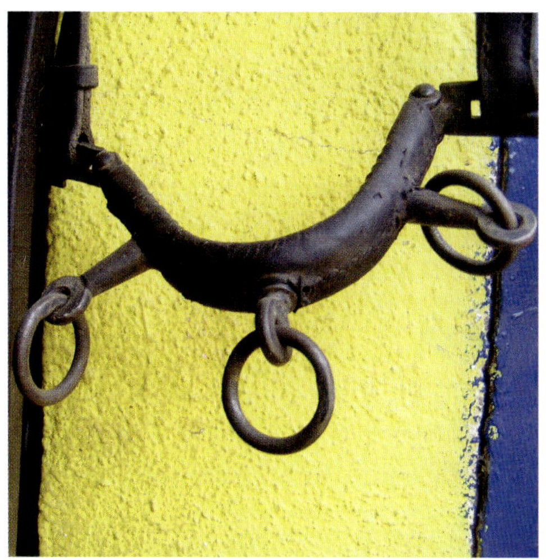

Das Serreton – ein spanischer Kappzaum – ist bestens zum Longieren geeignet.

Richtig longieren

Stehen Sie beim Longieren in der Kreismitte, aber mit Flexibilität bitte. Das heißt, Sie dürfen durchaus auch mal einen Schritt aus dieser Mitte hinausgehen. Beginnen Sie die Longenarbeit immer im gelassenen, ruhigen Schritt. Vorwärtsstürmende Pferde müssen Sie sofort bremsen, wieder zu sich holen und noch mal neu langsam und ruhig beginnen. Lassen Sie bei nervösen Pferden die Longierpeitsche erst einmal weg.
Vermeiden Sie es, dem Pferd in die Augen zu schauen. Ihr Augenmerk sollte vielmehr dabei auf der Hinterhand liegen. Ruhiges, gutes Zureden hilft bei der Longierarbeit ungemein, nach ausreichendem Training reicht später schon ein Flüstern zum Pferd hin aus oder ein leises Schnalzen, um Gangarten oder Handwechsel durchzuführen.
Achten Sie darauf, dass Ihre Führhand, in der Sie die Longe halten, nicht zu hoch eingestellt ist. Das wirkt bremsend auf das Pferd und ist eine widersprüchliche Haltung, wenn Sie gleichzeitig beispielsweise die Longierpeitschenhand auch noch hochhalten. Vorne hoch, hinten hoch – das Pferd weiß so gar nicht, was los ist. Vorne hoch heißt bremsen, hinten hoch treiben für das Pferd.
Natürlich müssen Sie darauf achten, dass die Longe nicht auf dem Boden schleift. Zum einen könnte das Pferd unbeabsichtigt hineintreten, zum anderen könnten sich Ihre Füße in einer nachlässig herunterhängenden Longe verheddern, was sehr gefährlich für Sie werden kann. Wenn Sie die Longe leicht in Bauchhöhe halten, müssten Sie ein gutes »In-etwa-Maß« haben.

Ihre Körperhaltung

Wir beginnen als Beispiel mal auf der linken Hand. Achten Sie darauf, dass Ihre äußere Schulter und Ihr äußerer Fuß immer die Biegung mitmachen, die Sie vom Pferd wünschen. Halten Sie die Longierpeitsche oder das Longenende mit leicht erhobener äußerer Hand, die innere, Longe führende Hand ist etwas tiefer. Ihre äußere Schulter geht vor, die innere etwas zurück und gibt somit den Weg frei, lässt es zu, dass der Bug des Pferdes nicht durch falsche Körpersignale Ihrerseits gebremst wird.
Ist das Pferd eher faul und träge, treten Sie immer energisch mit dem äußeren Fuß etwas vor und drehen Ihre äußere Schulter öfter mal zur Hinterhand des Pferdes hin. Eine geschlossen gehaltene Longierpeitsche, die Richtung Schweifansatz zeigt, wäre klug. Nehmen Sie die Longierpeitsche nicht zu hoch. Nur bei dem Zulegen des Tempos oder dem Angaloppieren wäre dies nötig.

Ein paar lockere Runden drehen

Lassen Sie Ihr Pferd so im Schritt und Trab einige Runden zum Lockern gehen. Wechseln Sie dann die Hand.
Entweder erziehen Sie das Pferd so, dass es auf der Zirkellinie stehen bleibt, wenn Sie es fordern, um es dann zu wenden, oder Sie holen es zu sich hinein. Diese Methode wird hier meist praktiziert. Wenn das Pferd beide

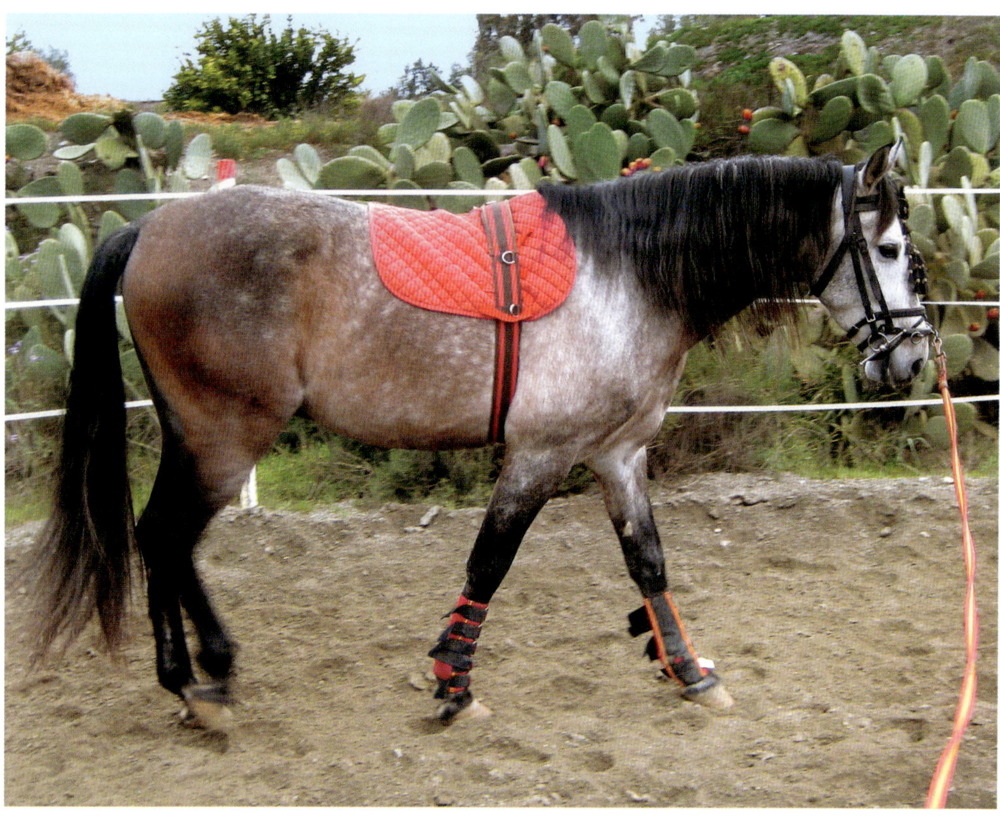

Relaxt im Schritt an der Longe.

Methoden beherrschte und sie auch unterscheiden könnte, wäre das von Vorteil. Bei Hengsten kommt es öfter vor, dass diese zu Ihnen herein kommen und dann sofort im Galopp auf die andere Hand springen und lospreschen. Gerade bei spanischen Hengsten, die man irgendwo gekauft hat und von denen man nicht weiß, wie sie zuvor behandelt wurden, kann man das sehr oft feststellen. Es mag zwar nach viel Temperament aussehen, sollte aber dem Tier nicht angewöhnt werden. Die Priorität sollte immer das Wechseln der Hand mit Ruhe sein.

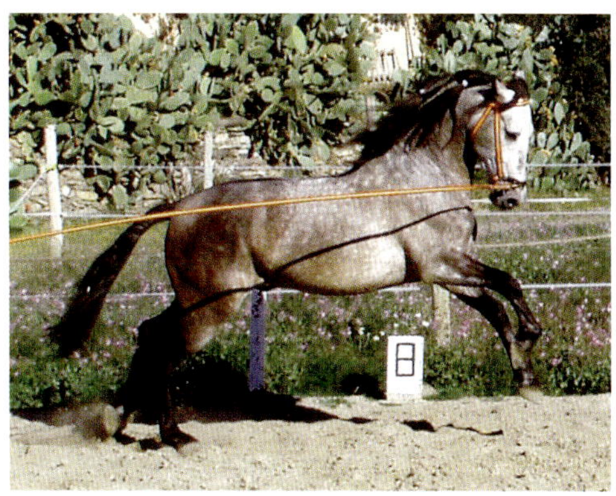

Ein fröhliches, ausgelassenes Pferd an der Longe – etwas Freiheit muss auch mal sein!

Ein abwechslungsreiches Programm

Überlegen Sie sich feste Stimmsignale für jedes Tempo. Langweilen Sie Ihr Pferd nicht durch endlose Runden im Trab an der Longe. Gestalten Sie die Longenarbeit abwechslungsreich. Träge Pferde bekommt man munter mit vielen Tempowechseln, nervöse Pferde lässt man ruhige, konzentrierte Übergänge machen.
Wenn Sie Ihr Pferd dazu animieren möchten, auch an der Longe vorwärts-abwärts zu gehen, senken Sie die Longenhand fast bis zu Ihren Knien, beugen Sie Ihren Oberkörper leicht vor und gehen Sie etwas in die Knie. Wenn Sie dies locker und konzentriert so durchführen, wird Ihr Pferd mit dem Absenken des Halses und Kopfes reagieren.

Probleme beim Longieren

Etwas, das zum Nachdenken anregen soll: Ein Pferd an der Longe einfach nur so »herumlatschen« zu lassen, aus Liebe zum Tier, ist falsch verstandene Tierliebe und keinesfalls gesund für Ihr Pferd.

Andererseits tut es einem Pferd ab und an auch mal gut, ausgelassen an der Longe toben zu dürfen, mal einen Bocksprung zu machen vor Freude, sich frei bewegen zu können. Aber alles eben in Maßen und Sie müssen dabei trotzdem immer noch der »Chef« bleiben. Hier einige häufig auftretende Probleme.

Ihr Pferd stellt den Kopf ständig nach außen

Zählen Sie mit, beispielsweise im Trab: eins, zwo, drei – dann geben Sie einen Zug an der Longe zu sich hin und drehen vermehrt Ihre äußere Schulter vor und Ihre innere Schulter hinein. Der äußere Fuß tritt einmal kurz in Richtung Pferd, die Longierpeitsche oder die das Longenende haltende Hand weist auf die Rippengegend des Pferdes.
All diese Hilfen müssen zusammenkommen, nicht erst das eine, dann das andere. Reagiert das Pferd prompt und nimmt diese Signale an, um den Kopf schön leicht nach innen gerichtet zu tragen, loben Sie es ausgiebig mit der Stimme und lockern sofort die

Longe. Wieder nur für drei Tritte, dann das Ganze noch einmal, und immer wieder. Sie müssen das sehr oft trainieren, bis es perfekt klappt. Und immer wieder wiederholen. Nach ein paar Malen werden Sie merken, dass Ihr Pferd nun vorsichtiger ist und aufpasst, was Sie von ihm wünschen. Sie müssen die Aufmerksamkeit des Pferdes erlangen, das ist ganz wichtig. Es soll nicht einfach so um Sie herum laufen, Kopf nach außen, also unkonzentriert ohne Führung vor sich hinlaufen.

Ihr Pferd bleibt nicht auf dem Zirkel und kommt Ihnen zu nahe

Ein energisches Hochheben der Führhand mit plötzlich nach vorne schnellender Bewegung und gleichzeitigem Vortreten Ihres inneren Fußes versetzt die Longe in eine wellenförmige Bewegung zum Pferd hin. Sie werden bei richtiger Ausführung sofortigen Erfolg sehen: Das Pferd wird erschrocken nach außen gehen, wo es auch hingehört.

Je energischer Sie dies beim ersten Mal durchführen, umso weniger werden Sie es wiederholen müssen. Machen Sie sich groß, Ihre persönliche Aura ist sehr wichtig beim Longieren. Wenn Sie zurückhaltend longieren, macht das Pferd mit Ihnen, was es will. Sie müssen dominant auftreten, Ihre Schultern nicht hängen lassend, gerade stehen und selbstbewusst Ihre Wünsche durchsetzen. Aber nicht mit der Brechstange, sondern mit Liebe und Kompetenz. Dieses Verhalten vermittelt Ihrem Pferd Sicherheit, es weiß, bei Ihnen ist es in guten Händen. Mit Ihnen macht das Arbeiten Spaß, denn es bekommt eine vernünftige Richtung gewiesen, das Tempo vorgegeben und es wird Ihnen mit Freude an der Sache folgen, immer bemüht, alles richtig zu machen.

Ihr Pferd springt ständig im Außengalopp an

Auf der linken Hand ist im Galopp die linke Vorderhand die Führhand. Achten Sie in diesem Fall vor dem Angaloppieren auf die Hinterhand des Pferdes. Wenn das Pferd im Außengalopp fliegend in den Handgalopp wechseln soll, geben Sie mit der Longierpeitsche einen Impuls auf die Hinterhand in dem Moment, wo das Pferd wieder mit der Hinterhand zum nächsten Galoppsprung heraus springen will. Gleichzeitig geben Sie dem Kopf des Pferdes vermehrt Stellung durch einen einmaligen sanften Zug mit der longenführenden Hand. Ihre äußere Schultern darf in diesem Moment einmal energisch treibend wirken, ebenso Ihr äußerer Fuß, der nun ganz rasch einmal auf das Pferd zu geht.

Gelingt es Ihnen so nicht, den Außengalopp fliegend wieder in den Handgalopp umzuwechseln, parieren Sie das Pferd zum Trab durch und achten Sie beim nächsten Angaloppieren vermehrt auf das richtige »Stellunggeben« des Pferdekopfes und das Treiben im perfekten Moment. Die linke Hinterhand geht vor im Trab und sofort kommt Ihre Hilfengebung zum Angaloppieren.

Denn im Linksgalopp springt die rechte Hinterhand zuerst an. Das wäre der darauf folgende Trabtritt, den Sie nun aber in den ersten Galoppsprung umwandeln.

Beobachten Sie die Fußfolge präzise, sozusagen mit Adleraugen, trainieren Sie Ihre Sinne auf das Kommunizieren mittels Körpersprache – das ist ungemein wichtig für ein gutes Longieren. Sie können dies gar nicht oft genug üben.

Achten Sie auf die Körpersprache

Ich kann Ihnen nur empfehlen, Ihr Pferd in Zukunft tänzerischer zu longieren, gefühlvoller. Achten Sie mehr auf die Körpersprache des Tieres, das Ohrenspiel, versuchen Sie, Stress im Gesicht Ihres Pferdes zu erkennen.

Beobachten Sie öfter mal Pferde auf der Koppel in einer Herde zusammen, um mehr über die Körpersprache des Pferdes herauszufinden. Je besser Sie die Körpersprache des Pferdes verstehen, desto besser wird Ihr zukünftiger Umgang mit Pferden gerade beim Longieren werden.

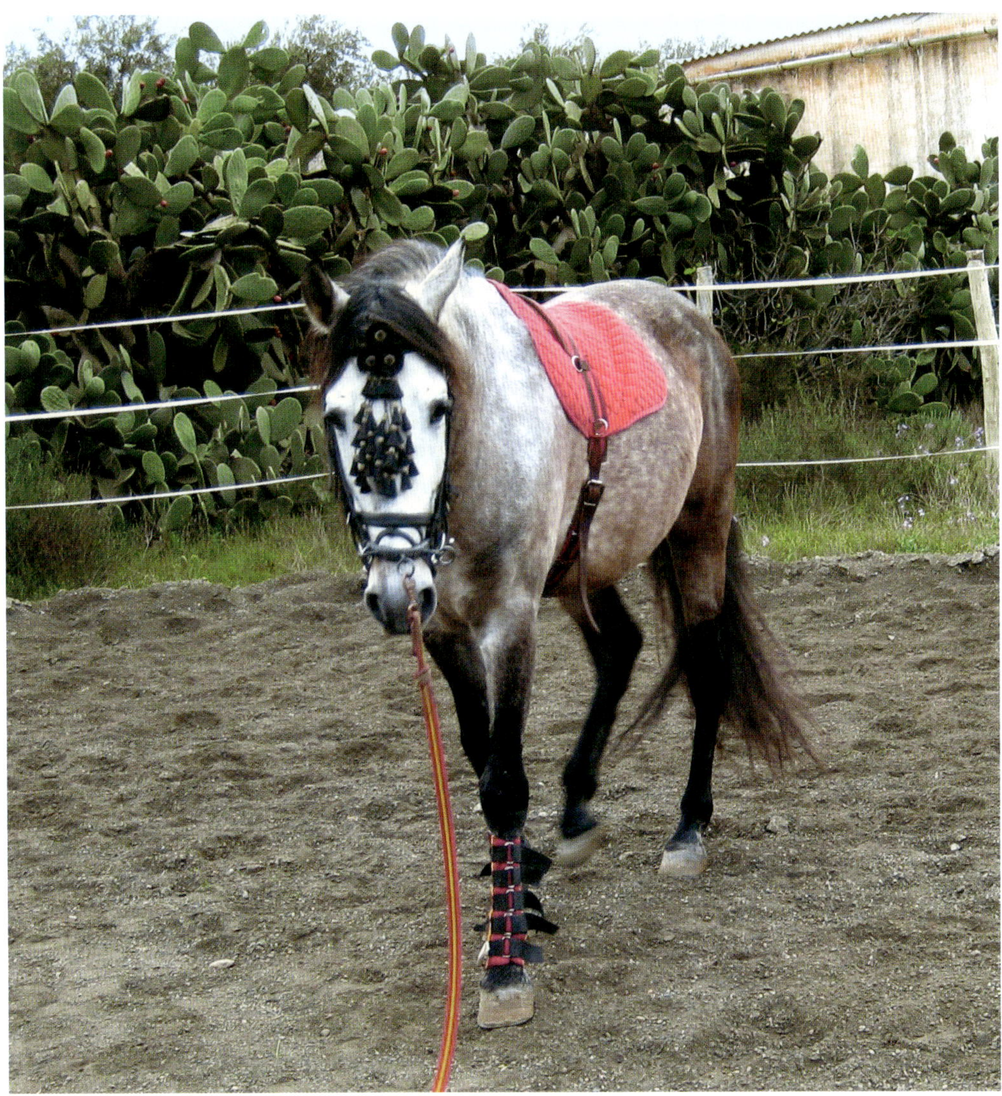

Ein zufriedenes, nicht nassgeschwitztes Pferd nach dem vernünftigen Longieren.

Die Schrittarbeit

Nicht jedes Pferd hat einen guten Schritt. Viele Reiter legen auch nicht so großen Wert auf den Schritt, dabei ist er zum Beispiel innerhalb der klassischen Dressur ein sehr wichtiges Element, gerade bei Prüfungen. Ein sauberer Schritt mit schönem Raumgriff, gutem Untertreten der Hinterhand sowie Taktreinheit sind für mich persönlich fast allererste Kriterien, wenn ich ein neues Pferd erwerben möchte.

Die wichtige Grundlage

Genau wie unsere alten Lehrmeister Antoine de la Baume Pluvinel und François Robichon de la Guérinière vertrete ich die Meinung, dass die Grundlage aller weiterführenden Lektionen des Reitens ein sauberer Schritt ist, versammelter oder starker Schritt – sowie das differenzieren zum Mittelschritt. Gerade für die späteren Übergänge, Trab-Schritt, Galopp-Schritt, wird es sich auszahlen, viel in dieser Gangart zu arbeiten, um das Pferd immer feiner auf die minimalen Impulshilfen abzustimmen.

Mein Tipp

Ich selbst hatte hier schon zwei Pferde, die im Schritt den Passgang liefen. Beide Pferde waren trotzdem sehr talentierte Tiere. Und mit Übungen wie der Jambette und dem spanischen Schritt kann man diesen Pferden helfen, den Passgang für eine Weile zu »vergessen«.

Was ist ein guter Schritt?

Viele »Hobbyreiter« (ohne diese diskriminieren zu wollen, war ich doch selbst mal einer) stehen mit scheinbar fachmännischem Blick am Reitplatzrand und beurteilen ein Pferd im Schritt einzig und allein daran, wie weit die Hinterhand über die Spur des Vorderhufes übertritt. Man hört dann Bemerkungen wie: »Der tritt ja gar nicht richtig unter.«
Natürlich ist es wünschenswert, wenn ein Pferd schön untertreten kann und etwa einen Huf weit über die Spur des Vorderhufes hinausgeht beim Schreiten. Aber es sind noch ganz andere Kriterien wichtig für einen guten Schritt:

- Wie ruhig ist die Kruppe innerhalb des Schrittes, geht sie extrem auf und ab? Oder scheint sich das Pferd in der Kruppe kaum hochzuheben, zeigt jedoch eine schöne Aktion in der Vor- und Hinterhand mit anmutigen Bewegungen innerhalb des Schrittes? Dann können Sie schon mal davon ausgehen, dass dieses Pferd sehr bequem zu sitzen sein wird.
- Kommt das Pferd schön aus den Schultern heraus mit der Vorderhand, oder wirkt es stockend beim Schreiten?
- Ist der Takt klar und rein? Kann dieses Pferd im sauberen gleichmäßigen Viertakt gehen?
- Oder geht es gar im Passgang? Wie es gewöhnlich Kamele tun? Linke Vorderhand und linke Hinterhand gehen vor, danach parallel dazu rechte Vorderhand und rechte Hinterhand. Dies gleicht einem Hin-und-her-Schwanken im Schritt.

Für Turnierprüfungen ist ein solches Pferd nicht geeignet, weil es gnadenlos in den Schrittprüfungen durchfallen würde. Als Freizeitpferd ist es aber trotzdem auch zu höheren Lektionen fähig.

Ihre Arbeit im Schritt

Sie selbst sollten sich innerhalb der Schrittarbeit immer wieder darauf konzentrieren, viele Schrittübergänge zu reiten: versammelter Schritt, Schritt im Vorwärts-abwärts, Mittelschritt und starker Schritt, aus dem Rückwärtsrichten in den Schritt übergehen. In dieser ruhigen Gangart kann man öfter auch mal die Augen schließen, um durchzufühlen, welches Bein gerade tritt.
Probieren Sie dies bitte häufiger, Sie werden so Ihr Feingefühl für das Reiten sehr gut trainieren können

Aus den Erfahrungen der großen Meister lernen

Wer eine saubere Schrittarbeit ernst nimmt und sich fleißig damit beschäftigt, wird die Früchte seiner Bemühungen später ernten können. Der Schritt ist und sollte immer die »Mutterübung« der Reitkunst sein. Darin steckt der Kern. Unsere berühmtesten Meister der hohen Reitkunst waren sich in diesem Punkt immer einig. Und wir sollten so klug und weise sein, ihre Erfahrungsschätze zu übernehmen und aus ihnen zu lernen. Ich für meinen Teil habe von ihren Ratschlägen und Lehren sehr profitiert. Nichts war beispielsweise unserem Lehrmeister François Robichon de la Guérinière so wichtig wie das Arbeiten im Schritt.

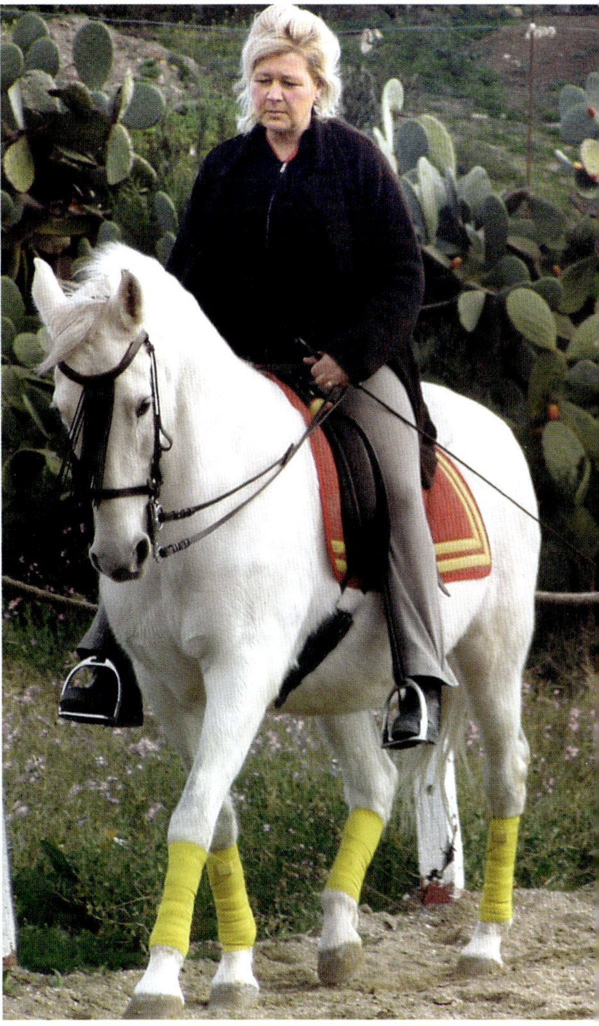

Im Schritt, bei der Einleitung zum Vorwärts-abwärts

Und ich stimme ihm vollkommen zu, der Schritt ist meines Erachtens das Gerüst, auf das sich die gesamte hohe Reitkunst aufbaut. Sie sollten diesen also ernst nehmen und sich ausgiebig und intensiv damit beschäftigen. Es kommt dabei auf ein sehr sauberes und punktgenaues Arbeiten an. Und viele Tempiwechsel sind enorm wichtig.

Das Vorwärts-abwärts-Training

Um Ihr Pferd zu lösen und für die weiteren Aufgaben gut vorzubereiten, bietet sich die Arbeit im Vorwärts-abwärts sehr gut für die ersten 10–15 Minuten Ihres Trainingsprogramms an.

Was will man erreichen?

Vorwärts-abwärts wurde schon vielmals beschrieben, doch die wenigsten können damit wirklich etwas anfangen. Es bedeutet nicht, die Zügel wegzuwerfen und das Pferd am losen Zügel durch die Gegend »latschen« zu lassen. Zunächst einmal sollten wir klarstellen, was wir damit erreichen wollen.

Das Pferd soll entspannt, den Rücken hergebend, mit lockerer Bauch- und Rückenmuskulatur, mit Hals und Kopf in Richtung vorwärts-abwärts gehen. Die sogenannte Dehnungshaltung sollte eintreten.

Diese Übung kann man in allen drei Gangarten herrlich durchführen, setzt aber einiges an kompetentem Reiten voraus. Es sieht einfacher aus, als es ist.

Wie macht man es richtig?

Der Vollprofi ist in der Lage, das Pferd über seine Schulter-, Kreuz- und Schenkeldurchspannung im jeweils geforderten Tempo zu halten, obwohl das Pferd dabei am völlig losen Zügel das Genick senkt, den Hals hergibt und im Rücken- und Bauchbereich »weich« wird und somit in eine Dehnungshaltung übergeht. Der Hals des Pferdes wird lang, die Nase geht tief. Wie macht man es richtig?

Der Weg dorthin könnte so für Sie aussehen:

- Beginnen Sie diese Übung zunächst im Schritt. Stellen Sie Ihr Pferd an den Zügel, indem Sie zuallererst einmal Ihre Schultern zurücknehmen, das Brustbein hochziehen.
- Die Knie, Oberschenkel und Waden umschmiegen das Pferd mit sanftem Druck und lassen diesen Druck dann wieder etwas los.
- Immer wenn Sie diese Hilfen geben, nehmen Sie die Zügel sanft an, erzeugen dem Pferd somit einen leichten Druck im Maul. Das Pferd wird versuchen, diesem Druck zu entweichen, nämlich nach unten.
- In diesem Moment geben Sie die Zügel nach, langsam, aber komplett in der Länge. Halten Sie die Hände dabei tief, Sie dürfen sie ruhig leicht an den Pferdeschultern auflehnen.
- Wenn das Pferd dann nach unten im Hals nachgibt und vorwärts-abwärts laufen möchte, gehen Sie mit der Reiterhand vor, »nachgeben« heißt nun das Zauberwort.

Eine ganz tolle Hilfe ist, wenn Sie genau in diesem Moment tief ausatmen, Ihre eigenen Bauchmuskeln locker machen, in Gedanken mit vorwärts-abwärts gehen.

Als zusätzliche Hilfe kann man noch beide kleinen Finger von der Pferdeschulter in Richtung Pferdehals anlegen und mitgehen in der Bewegung. Sensible Pferde nehmen

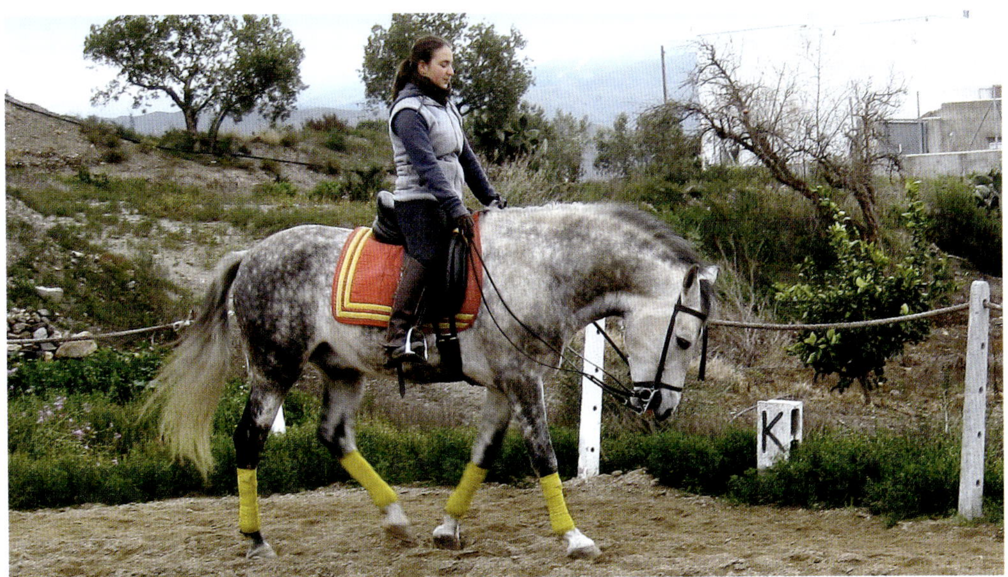

Hier beginnt das Pferd, den Hals und Kopf abzusenken – wir sind kurz vor dem Ziel.

diesen Körperkontakt sofort an und gehen mit den kleinen Fingern mit nach vorwärts-abwärts.

So üben Sie vorwärts-abwärts

Lassen Sie Ihr Pferd anfänglich nur drei Tritte vorwärts-abwärts gehen, nehmen Sie es dann wieder auf und beginnen Sie die Übungen wieder von Neuem. Nach und nach verlängern Sie die Vorwärts-abwärts-Phasen, fünf Tritte, wieder aufnehmen, dann acht Tritte und wieder für ein paar Tritte aufnehmen.
Wenn Sie nach diesem Schema vorgehen, werden Sie sicherlich schnell den gewünschten Erfolg haben. Wichtig ist, dass Sie nur nachgeben, wenn das Pferd den Kopf nach unten absenken möchte. Sollte es nach oben ausweichen wollen, müssen Sie mit mehr Körperdurchspannung antworten und erst mit den Zügelparaden und der Körperdurchspannung nachgeben, wenn das Pferd begreift, dass der Weg, der gewünscht ist, vorwärts-abwärts heißen soll.

Die eigene Haltung prüfen

Will das Pferd partout nicht den Hals und den Kopf senken, überprüfen Sie bitte Ihre Körperdurchspannung und Handhaltung. Die Reiterhand sollte tief eingestellt sein. Ebenso müssen Sie vermehrt an Ihrer Körperdurchspannung arbeiten. Es darf nie eine Zügelparade geben ohne die dazugehörigen Körperdurchspannungsaktionen. Beides fließt harmonisch ineinander über. Und das Nachgeben der Zügel erfolgt immer auch mit einer sanften Lockerung Ihrer Körperdurchspannung, ohne diese gänzlich zu verlieren.

Die Versammlung

Jeder spricht davon und es ist für eine gute Dressurarbeit absolut erforderlich, sie auch zu erreichen: die Versammlung. Ganz gleich, ob wir uns nun in der klassisch-konventionellen Reitweise oder in der klassisch-spanischen Dressur üben: Letztendlich sollten beide Reitweisen doch nach den gleichen Vorbildern aufgebaut sein, nämlich nach unseren vielzitierten alten Lehrmeistern Antoine de La Pluvinel und François Robichon de la Guérinière.

Oft trügt der Schein

Nun ist das Erreichen einer Versammlung leider keine solche leichte Aufgabe. Es gibt Reiter, die lange, lange Jahre brauchen, um mittels feinster Körperdurchspannung einen hohen Grad an Versammlung des Pferdes zu erreichen. Und da dieser Weg oft lang und steinig ist, um dieses reiterliche Niveau zu erlangen, greifen viele zu Hilfszügeln. Oder sie versuchen es mit Sporen und dem Hin-und-her Säbeln mit den Händen und Zügeln, um eine Versammlung zu erreichen. Davon ist man dann aber meilenweit entfernt, allenfalls wird eine künstliche Versammlung hergestellt, die meist weder schön aussieht noch dem Pferd gefällt, weil dann ganz oft ein gewisser Grad von Gewalt nötig und sichtbar wird. Ich will es mal vorsichtig so ausdrücken: Wenn Sie bei dem Versuch, ein Pferd versammelt zu reiten, Kraft anwenden müssen, dann läuft etwas verkehrt.

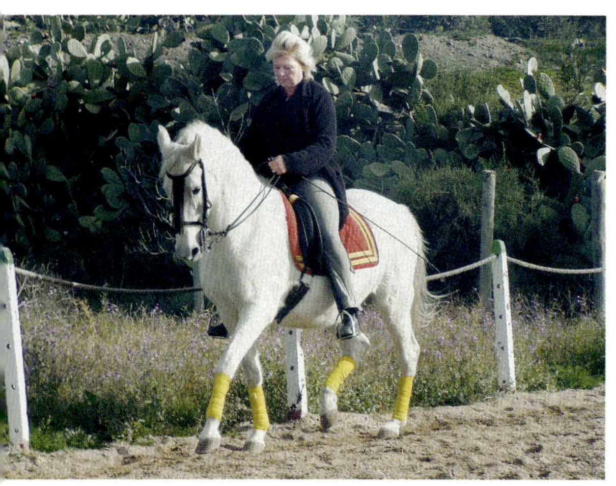

Ein versammelt gehender Junghengst. Man achte auf die losen Zügel, das Pferd trägt sich schön selbst.

Manchen Rassen fällt es leicht

Wie schon am Anfang dieses Buches erwähnt, müssen wir versuchen, das Pferd zu animieren, aktiv mit der Hinterhand mitzuarbeiten und sich auch hauptsächlich auf dieser zu tragen. Es gibt einige Pferderassen, die eine natürliche Veranlagung zum versammelten Laufen haben. Bei einem kurzen Rücken innerhalb des Exterieurs trifft dies meist zu. Rassen wie Pura Raza Española, Andalusierkreuzungen, Lippizaner sind geradezu prädestiniert für hohe Dressuraufgaben.

Ich hatte einen Friesenmix in meinem Besitz, der im Rücken allerdings sehr lang gebaut war. Anfänglich hat es mich große Mühe gekostet, dieses Pferd zum versammelten Arbeiten zu animieren, aber mit viel Geduld und Fleiß konnte ich dieses Pferd nach vier Jahren in sehr vielen hohen Lektionen reiten. Piaffe, Levaden, Passageansätze, alle Sei-

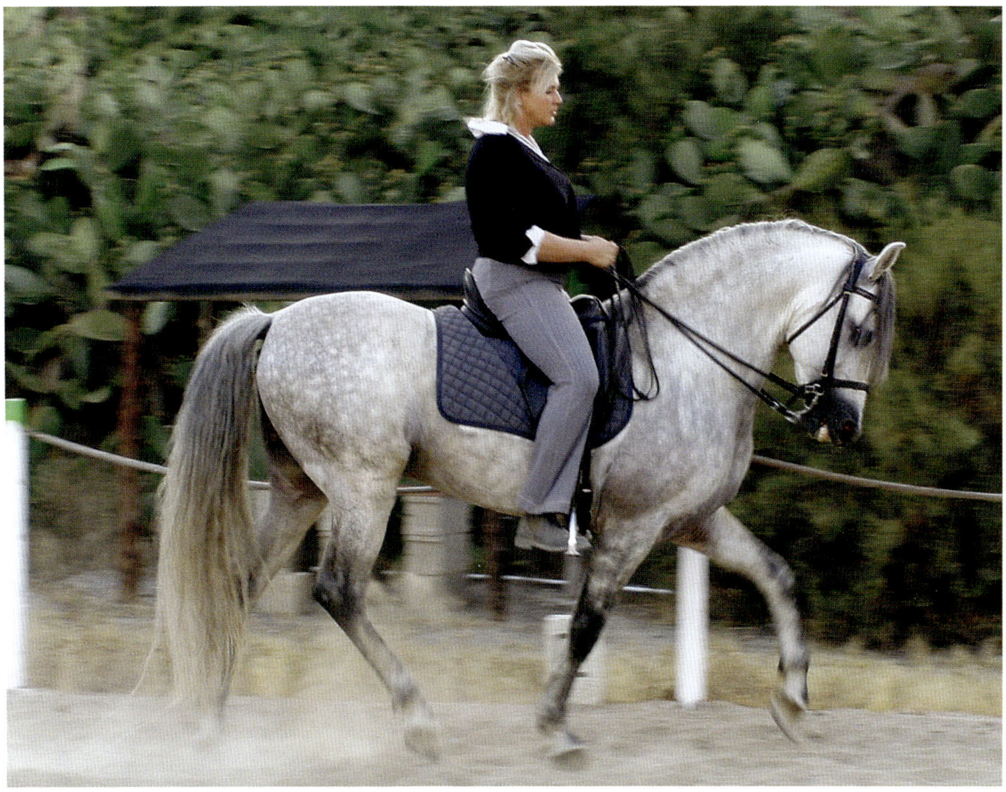

Mit ganz feiner Zügelhand versammelt traben – ein herrliches Gefühl!

tengänge tanzte er nur so mit mir. Aber es hat mich sicherlich mehr Mühe gekostet als mit meinen spanischen Pferden.
Ich erwähne dies deshalb, damit alle Reiter, die eben eine andere Pferderasse ihr Eigen nennen, nicht verzweifeln. Die Versammlung sollte mit allen Pferderassen funktionieren, aber manchmal dauert es eben etwas länger, bis sich der Erfolg einstellt.

Ein lohnendes Ziel

Ein fein gerittenes, versammeltes Pferd läuft mit ganz feiner Zügelverbindung, knickt wunderschön im Genick ab, ist weich im Rücken und Bauch, trägt sich erhaben. Das Genick ist der höchste Punkt, es verkriecht sich weder hinter dem Zügel noch streckt es den Kopf nach oben. Der Hals ist weich und nachgiebig, die Kruppe leicht abgesenkt und die Hanken treten schön unter. Das Pferd nimmt deutlich mehr Gewicht über die Hinterhand auf.
Eine Versammlung unter sich zu fühlen ist ein herrliches Ergebnis für einen Reiter, gerade beim ersten Mal. Man merkt sofort: Aahhh! – das fühlt sich anders an, runder, geschmeidiger, weicher, erhabener, kraftvoller. Aber bis man dies erlernt, muss man viel Geduld mit sich selbst und auch mit seinem Pferd haben.

Die Trabarbeit

Um die Trabarbeit zu verbessern, kann ich Ihnen auf alle Fälle viele Tempowechsel innerhalb dieser Gangart empfehlen. Ständig vor sich hertraben im gleichen Tempo ist keine anspruchsvolle Trabarbeit, weder für das Pferd noch für Sie. Sie sollten innerhalb dieser Gangart deutlich unterschiedliche Tempi ausprobieren und somit auch Ihren Weg zum versammelten Arbeiten mit dem Pferd festigen.

Tempowechsel trainieren

In der Praxis könnte dies so aussehen: Nachdem Sie Ihr Pferd ausreichend im Vorwärts-abwärts gelöst und ein paar Seitengänge zum flexiblen Biegen und Beugen durchgeprüft haben, gehen Sie zum Tempowechsel innerhalb des Trabes über. Bauen Sie große Zirkel mit ein, um auch die Biegung innerhalb des Tempowechsels zu trainieren. Versuchen Sie sich an einem versammelten Trab.

Ihre Körperhaltung

Denken Sie daran, was Sie in den ersten Kapiteln dieses Buches gelesen haben. Tragen Sie den Kopf hoch, bleiben Sie gerade sitzen, Ihr Po »klebt« sanft am Sattel, und Sie haben vermehrt das Gefühl, auf den Oberschenkeln zu sitzen. Ihr Kreuz sollte leicht angespannt sein, seien Sie immer darauf bedacht, es zu lockern und wieder zu spannen. Die Hüfte schwingt weich mit, von hinten nach vorne. Das Brustbein wird hochgenommen, die Schultern gehen zurück, so als wollten Sie Ihre Wasserkiste tragen.

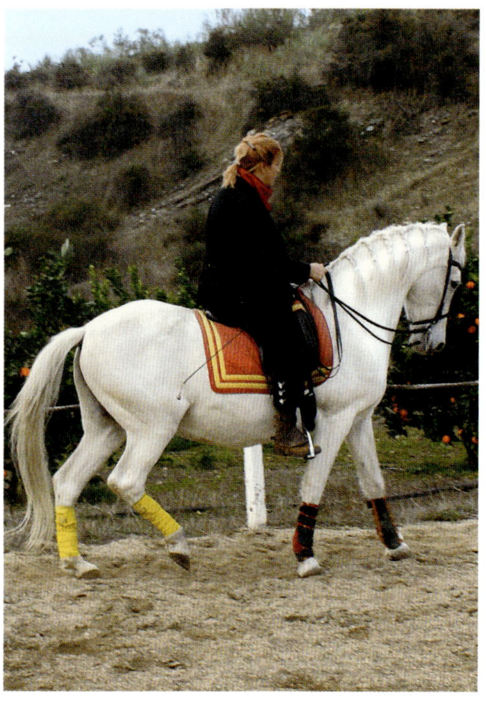

Hier sehen Sie einen versammelten Trab ...

Ihre Waden geben regelmäßigen sanften Druck und lassen wieder locker, immer im Trabtakt des Pferdes. Die Zügel nehmen sanft an und geben wieder nach.
Fußt das jeweilige Hinterbein: ab- und annehmen, Wade anlegen, leichter Druck, das Kreuz spannt.
Die gegenüberliegende Vorderhand geht vor: Zügel geben nach, das Kreuz wird geringfügig lockerer und lässt den Tritt nach vorne raus zu, die Waden ebenso.

Zum Mitteltrab verstärken

Wenn dies gut klappen sollte und Sie das Gefühl haben, eine Versammlung erreicht zu haben, verstärken Sie das Tempo zu

einem guten Mitteltrab, für fünf Tritte, die Hilfen werden dazu, minimal dosiert, verstärkt. Lassen Sie das Pferd ca. fünf Tritte im Mitteltrab arbeiten und nehmen Sie es dann wieder zurück in den versammelten Trab. Zählen Sie mit: eins, zwo, drei, vier ... und jetzt, kurz vor dem fünften Tritt, müssen Sie Ihren Körper schon auf das versammeltere Tempo einstellen. Sie müssen »nach hinten« denken und »bremsen«. Ihre somit gegebene halbe Parade wird dann ganz sicher gut gelingen.
Traben Sie erneut ca. zehn Tritte im versammelten Trab und legen Sie dann wiederum an Tempo zum Mitteltrab.
Genauso gehen Sie auch vor, wenn Sie eine Trabverstärkung, also den starken Trab, erreichen wollen. In diesem müssen Sie dann deutlich stärker Ihre Hilfen dosieren. Lassen Sie auch hier das Pferd zunächst nur ein paar Tritte in den starken Trab gehen und nehmen Sie es dann wieder zurück zum versammelten Trab. Solche Tempowechsel sind eine hervorragende Übung für die eigene Körperdurchspannung und Überprüfung der Durchlässigkeit Ihres Pferdes.

Besser Aussitzen als Leichttraben

Ich empfehle Ihnen, all diese Übungen im Aussitzen zu praktizieren. Das Leichttraben wird in unseren hiesigen Gefilden so gut wie nie durchgeführt. Verstellt es doch bei dauerhaft verkehrter Durchführung oft den Sitz des Reiters und dient mehr dem Schonen des Reiterpopos als der Schonung des inneren Hinterbeines des Pferdes. Aber auch hier gehen die Meinungen auseinander und jeder muss für sich selbst entscheiden, was er für richtig hält und was nicht.

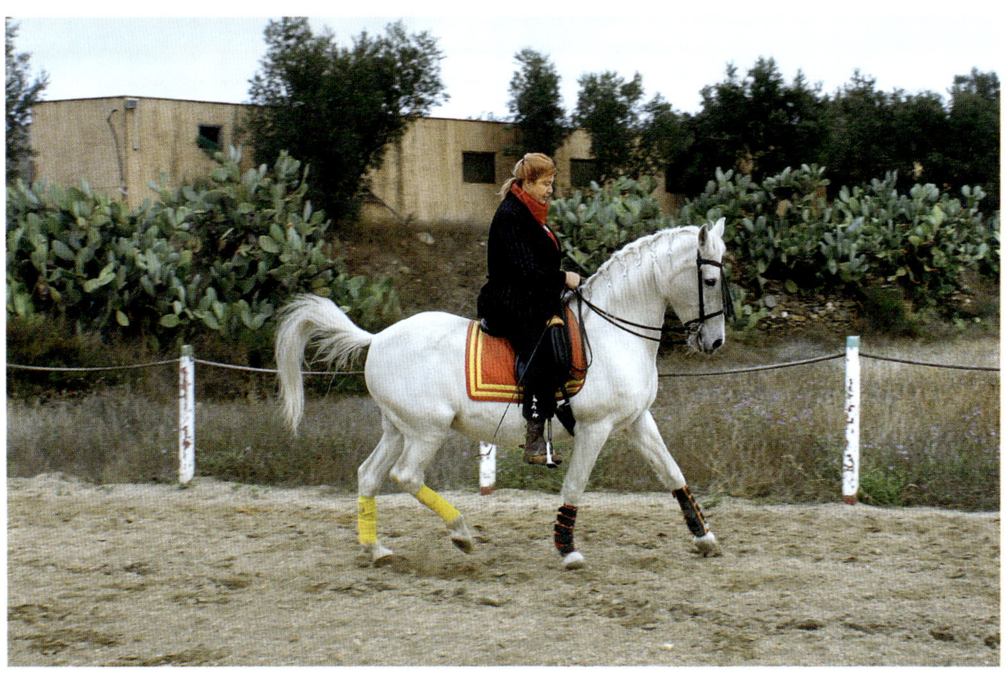

... und hier eine Trabverstärkung.

Seitengänge & Co. – Kruppe heraus und Schulter herein

Für die Geschmeidigkeit und Durchlässigkeit eines Pferdes sind Seitengänge und Flexionsübungen sehr wichtige Elemente. Der gymnastizierende Wert steht außer Frage.
Nur haben viele Reiter davon eine ganz eigene Vorstellung, wie diese im Allgemeinen auszusehen haben.

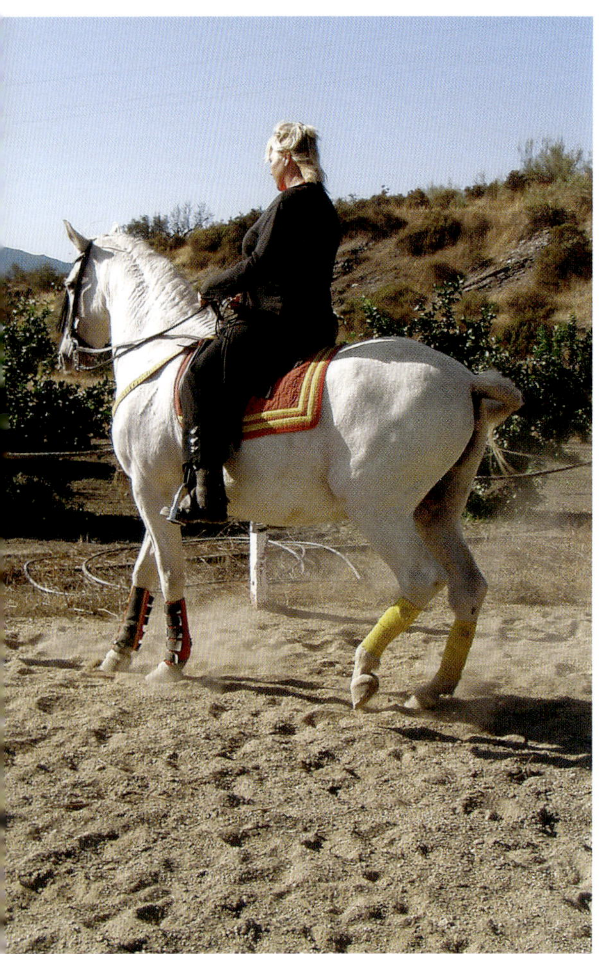

Kruppe heraus – so ist es richtig.

Ihr Pferd will sich nicht biegen?

Ich habe ganz viele Schüler in meinen Reitstunden gehabt, die mir erzählten, dass ihr Pferd sich daheim nicht biegen möchte, nicht seitwärts treten will. Ein kurzer Check des reiterlichen Könnens jener Schüler gab mir recht schnell die Antwort, warum diese Tatsache so ist, wie sie eben ist.
Ich gehe mal davon aus, dass diese Reiter bisher nie eine vernünftige Anleitung zu solchen Übungen erhalten haben, niemanden hatten, der sie beim Training kontrollierte und somit korrigierte.
Nur so kann ich es mir erklären, dass Pferde vollkommen überbogen, den Kopf und Hals per Zügel rumgezogen, jenseits von Gut und Böse des ersten oder zweiten Hufschlages in Seitengänge reingequält werden, die außerhalb jedweder Reitkunst liegen.
Jeder hat von den Übungen »Schulter herein« und »Kruppe heraus« gehört und sicher vielleicht auch schon mal probiert, sie nachzureiten. Wenn Sie innerhalb dieser Lektionen schon perfekt sind, überlesen Sie dieses Kapitel bitte einfach. Für alle anderen werden sich hier sicherlich gute Tipps und Ratschläge auftun.

Kruppe heraus

Beginnen wir mit dem Kruppe-heraus, das mir zunächst einmal als die einfachere Lektion erscheint für den lernenden Reiter. Eins vorweg: Stecken Sie sich bitte kleine Ziele, erwarten Sie nicht am Anfang eine ganze lange Bahnseite im Kruppe-heraus zu reiten. Zunächst einmal müssen Sie sich vor Augen halten, was Sie eigentlich machen möchten.

Ein Beispiel

Wir befinden uns beispielsweise auf der rechten Hand. Ihr Pferd soll nun mit der Kruppe hinaustreten auf den zweiten Hufschlag, die Vorderhand bleibt auf dem ersten Hufschlag, Kopf und Hals des Pferdes sollen leicht nach links gebogen werden. Das Pferd darf weder im Tempo stocken noch mit den Vorderhänden vom ersten Hufschlag abkommen.

Die Abstellung sollte anfänglich nur leicht sein, normalerweise reden wir von zwei unterschiedlichen Gradabstellungen, nämlich 35 und 40 Grad. Die 35-Grad-Variante reicht erst mal vollkommen aus, anfänglich würde ich eher weniger probieren.

Um diese Übung einzuleiten, sollten Sie sich vor allen Dingen erst mal »groß« im Sattel machen, will heißen: tief im Sattel einsitzen, den Oberkörper schön aufrecht halten, den Kopf gerade tragen.

- Geben Sie einen ganz feinen Zügelimpuls im linken, jetzt noch äußeren Zügel.
- Legen Sie Oberschenkel und Wade vermehrt etwas innerhalb der Gurtnähe an, während Sie gleichzeitig Ihre linke Schulter zurücknehmen und die rechte dadurch etwas vorrückt.
- Schauen Sie nach links. Machen Sie sich nach wie vor »groß« im Sattel, damit Ihr Po schön einsitzt.
- Wenn Sie nun noch ganz leicht einen etwas vermehrten Druck mit der linken Pobacke nach rechts ausüben und den rechten Bügel etwas mehr belasten, wird Ihnen Ihr Pferd sicher den ersten Tritt zum Kruppe-heraus anbieten.

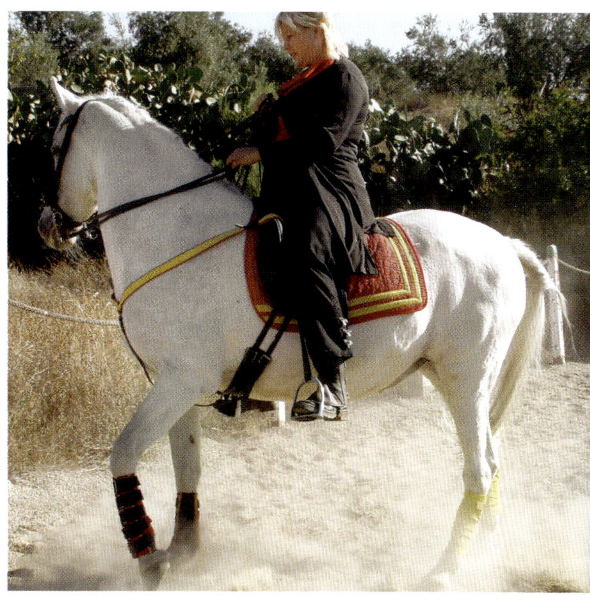

Absolut fehlerhaftes Kruppe-heraus

- Achtung; nun müssen Sie den rechten Schenkel gegenhalten, damit das Pferd nicht über die äußere Schulter wegfallen kann.

Die Zügelhilfen sind generell immer im Wechsel: links – rechts, innerer – äußerer Zügel, die Schenkel ebenso.

Beachten Sie bitte, dass, sobald Ihr Pferd nach links gestellt wird innerhalb dieser Übung, nun der linke Zügel auch der innere Zügel ist und der rechte der äußere. Das Gleiche gilt natürlich auch für die Schenkel.

Meist wird empfohlen, die Seitengänge im Schritt zu beginnen. Allerdings vertrete ich in diesem Punkt die Meinung, dass der Trab sich hierfür besser anbietet. Aus folgenden Gründen: Probiert der Reiter die Seitengänge zunächst im Schritt, fehlen der Vorwärts- und der Taktimpuls, weil mehr Wert auf Zügelarbeit gelegt wird als auf die treibenden Kreuz- und Schenkelhilfen.

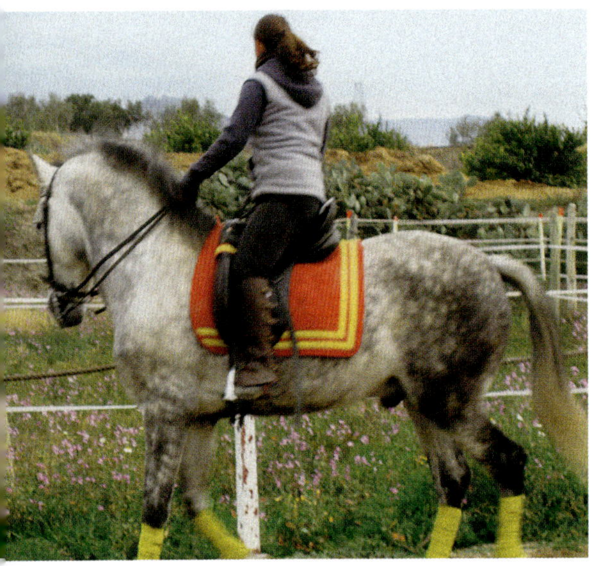

So soll es nicht aussehen: Der Reiterpo hat keine Haftung, die Zügelhand ist viel zu fest, der Oberkörper der Reiterin völlig verdreht.

So auf gar keinen Fall!

Im Schritt sehen die Anfangsversuche meist so aus, dass der Reiter, weil er ja grad so bequem sitzt und seiner Meinung nach auch da oben nichts groß tun muss, zunächst einmal den Zügel, der das Pferd stellen soll, anzieht. Fehler Nummer eins. Dem Pferd werden so Kopf und Hals herumgezogen, es geht aber noch lange nicht seitwärts deswegen.

Weil das dann so nicht klappt, zieht der Reiter meist den Absatz hoch und versucht damit auf der stellenden Seite, das Pferd zum Weichen der Kruppe zu bewegen. In dem Moment, wo aber der Absatz hochgezogen wird, geht das Knie weg vom Sattel. Im schlimmsten Fall knickt der Reiter dabei noch in der Hüfte zur äußeren Seite ein – und schon haben wir den Salat.

Das Pferd wird herumgezogen und mit dem Absatz geknufft, die äußeres Seite wird nicht kontrolliert und das Ergebnis: Entweder dreht sich das Pferd plötzlich ganz herum, weil treibende Hilfen durch das Vorfallen des Oberkörpers beim Hochziehen des Absatzes nicht wirken können.

Oder aber es läuft verzweifelt ein paar Seitwärtstritte im Kruppe-heraus, fällt aber über die äußere Schulter weg und krabbelt rückwärts Richtung Bahnmitte.

So soll es nun wirklich nicht aussehen.

So geht es besser

Schöner wäre folgender Versuch: Traben Sie Ihr Pferd an, und versuchen Sie, einen Versammlungsgrad zu erreichen. Denken Sie jetzt bitte an das Prinzip: Weniger ist oft mehr.

- Versuchen Sie nun an der langen Seite, Ihr Pferd ins Kruppe-heraus zu stellen, mit ganz wenig Abstellung bitte.
- Sitzen Sie tief im Sattel ein, machen Sie sich groß.
- Geben Sie einen ganz sanften Zügelimpuls mit dem immer noch äußeren Zügel (der zum inneren wird, wenn das Pferd in die Biegung geht).
- Heben Sie den Kopf und schauen Sie, wenn Sie auf der rechten Hand damit beginnen, nach links.
- Nehmen Sie gleichzeitig Ihre rechte Schulter vor und Ihre linke zurück, sitzen Sie weiterhin tief ein, um das Pferd in einem schönen Trabtakt zu halten.
- Animieren Sie den Takt durch sanftes Schwingen der Hüfte und treibende Schenkelarbeit.
- Ihre linke Wade liegt mit etwas vermehrtem Druck am Pferd. Sie geben den Druck, lassen ihn wieder gehen, Druck und wieder gehen lassen. Halten Sie die äußere Wade gegen.

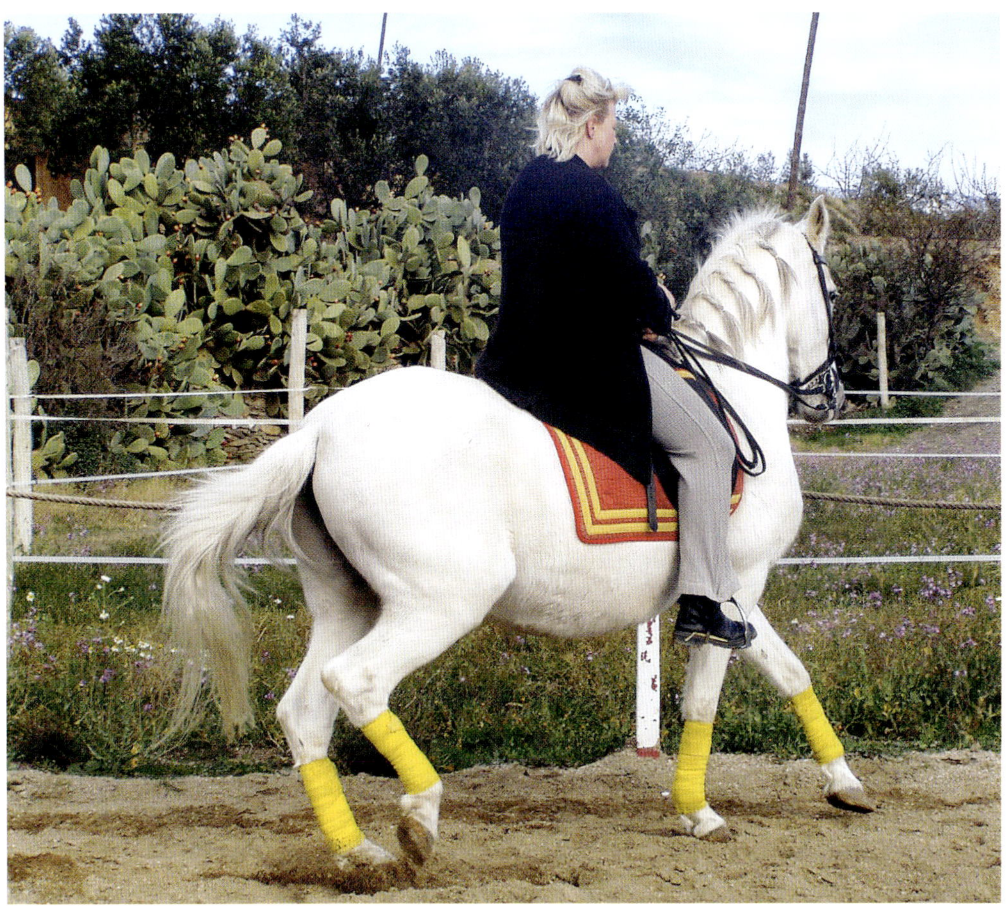

Kruppe heraus – dynamisch und schwungvoll. Das Pferd müsste noch einen Tick mehr nach innen gestellt werden, indem die äußere, rechte Hand etwas mehr nachgibt. Man beachte die kraftvolle Hinterhandaktion der Stute.

- Genau in dem Moment, in dem Ihr Pferd antwortet und den ersten Tritt seines Kruppe-heraus treten will, halten Sie mit der nun äußeren, rechten Wade gegen, danach wieder lockern – damit Sie die Kruppe justieren und kontrollieren können.

Alle Hilfen immer wieder im Wechsel und im Trabtakt geben. Annehmen äußerer Zügel, Anlegen innere Wade, Pobacke links wischt den Sattel einmal nach rechts aus, dann äußerer Zügelimpuls mit Kontern der äußeren Wade. Es ist ein ständiges Außen-innen-Zusammenspiel der Zügel und Schenkel.

Nur durch Üben zu meistern

Häufiges Wiederholen dieser Übung ist sehr wichtig, damit Sie Ihre Motorik trainieren und immer besser werden. Dies bedeutet nun aber nicht, dass es nur noch »Kruppe

heraus« geben soll, da wird das liebste Pferd sauer. Diese Übung ist sehr, sehr anstrengend für noch ungeübte Pferde, darauf sollten und müssen Sie Rücksicht nehmen. Ein paar Tritte, drei oder vier an jeder langen Seite, reichen erst mal, dann wieder gerade richten und noch mal beginnen.
Schön ist auch, nach diesen Übungen das Pferd immer mal wieder mit dem Hingeben der Zügel zu belohnen. Halsklopfen und aufmunternde lobende Worte sollten nicht fehlen.

Schulter herein

Das Schulter-herein beginnen Sie bitte auch jeweils an der ersten langen Seite, beispielsweise auf der rechten Hand: Sie wollen Ihr Pferd nun nach rechts stellen – entgegen der Bewegungsrichtung – und die Schulter des Pferdes somit herein führen. Das Pferd geht dabei mit den Vorderhänden auf dem zweiten Hufschlag und kreuzt diesen leicht bei den auszuführenden Tritten. Damit die Übung gelingt, müssen Sie beachten, das Pferd auf dem zweiten Hufschlag zu halten. In den meisten Fällen sieht das anfänglich aber ganz anders aus: Das Pferd läuft ungebremst zur Bahnmitte. Dies resultiert aus dem Fehler und dem Versuch, das Pferd nur mittels Zügel und Schenkel in diese Übung zu manövrieren. Läuft das Pferd dann Richtung Bahnmitte, wird es meist unsanft mit den Zügeln in Richtung rückwärts gezerrt. Das Pferd wird immer verzweifelter, weiß nun gar nicht mehr, was los ist – es bleibt stehen oder protestiert durch eine Drehung. So geht es also nicht.

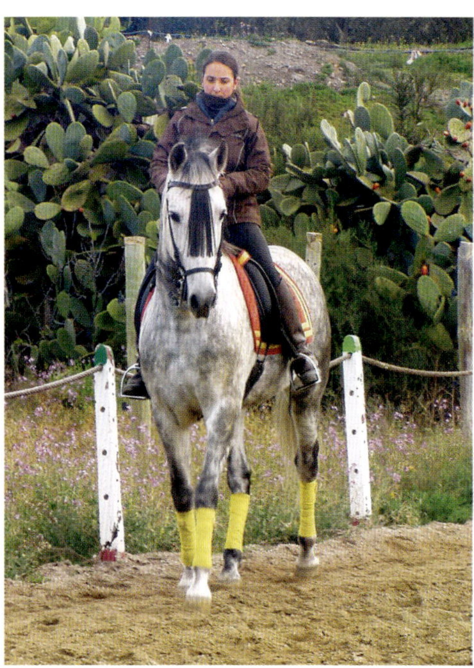

Einleiten des Schulter-herein

»Rückwärts« einwirken

Sie müssen innerhalb dieser Übung unbedingt gegensitzen. Will heißen, sobald das Pferd den ersten Tritt auf den zweiten Hufschlag durchgeführt hat, müssen Kreuz, Schultern, Po und Schenkel eher »rückwärts« auf das Pferd einwirken. Stellen Sie sich eine imaginäre Bande vor, die Sie ja jetzt nicht mehr haben, anders als im Kruppe-heraus, bei dem das Pferd zur Bande hin gestellt wird. Denken Sie an das Umschließen mit den Beinen. Das Kreuz spannt gegen die Vorwärtsbewegung zur Bahnmitte hin.

So üben Sie

Sollten Sie sehr große Probleme haben beim Schulter-herein, beginnen Sie diese Übung am besten auf dem Zirkel. Jeweils an der offenen Zirkelseite kann man versu-

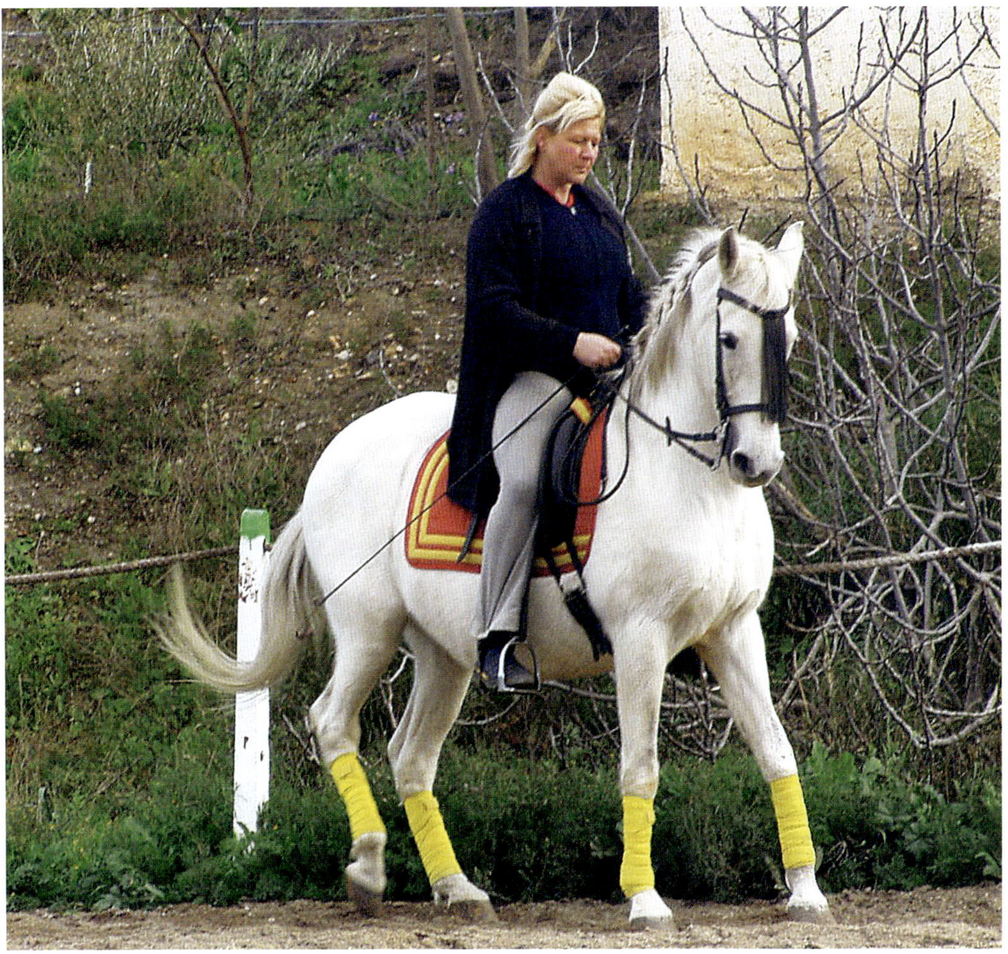

Ein gut eingeleitetes Schulter-herein. Die Stute arbeitet sehr schön hinterhandaktiv.

chen, das Pferd ein paar Tritte ins Schulterherein zu führen.

- Traben Sie im ruhigen Takt auf der rechten Hand. Führen Sie das Pferd auf den Zirkel.
- Kurz vor der offenen Zirkelseite geben Sie einen feinen Impuls mit dem inneren Zügel, während Sie ebenso einen sanften Druck mit der inneren Wade ausüben.
- Machen Sie sich groß im Sattel, sitzen Sie tief ein, gehen Sie mit Ihrer inneren Schulter etwas zurück, mit der äußeren etwas vor.
- Umschließen Sie Ihr Pferd schön mit den Oberschenkeln – Umschließen ist wie eine Umarmung, keinesfalls wie ein Anpressen.
- Führen Sie das Pferd mit Oberschenkel, Waden und den dazugehörigen Kreuzhilfen.
- Der äußere Oberschenkel und die Wade müssen wieder kontern, sobald das

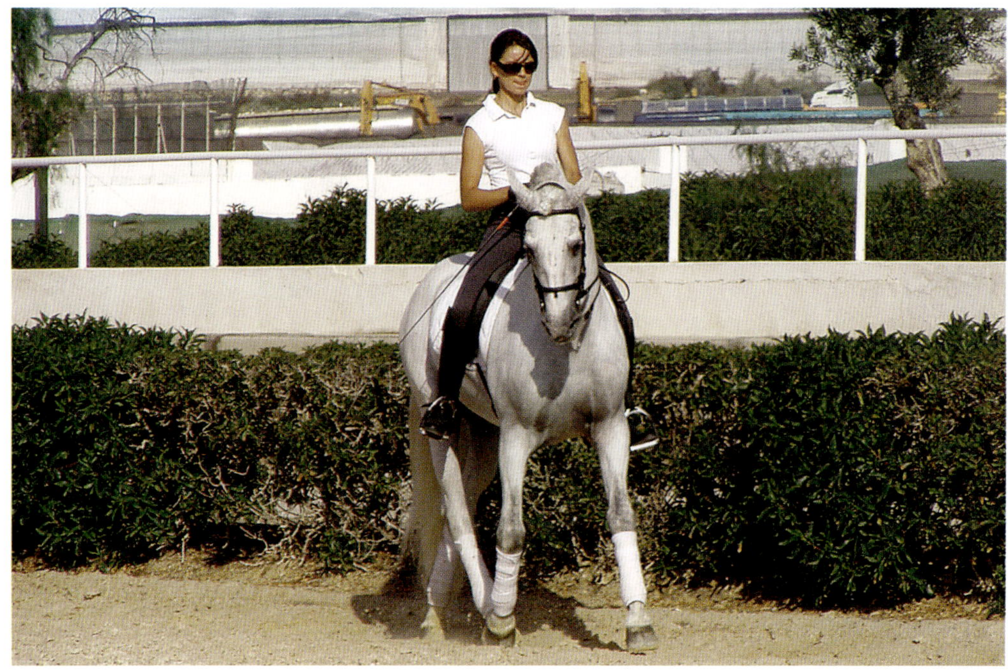

Ein korrektes Schulter-herein aus der klassischen Dressur

Pferd den ersten Tritt Schulter-herein anbietet, ebenso der äußere Zügel.

Nun besteht die Gefahr, dass das Pferd zur Bahnmitte hinein läuft, wenn Sie es nicht unter Kontrolle haben. Sie müssen also unbedingt gegensitzen und das Pferd zum Seitwärtstreten weiter animieren, ohne dass es dabei vorwärts wegkrabbeln will. Dies erfordert einige Übung.
Achten Sie unbedingt auf einen perfekt geraden Sitz, vermeiden Sie jegliches Hochziehen des Absatzes zum Treiben. Sie benötigen Ihren Absatz nicht, nur die Waden und Oberschenkel. Konzentrieren Sie sich bitte einmal darauf, mehr auf Ihren Oberschenkeln zu »sitzen« und mit diesen zu arbeiten, als das Pferd mit Hackenklopfen zu treiben.

Die Kombination der Übungen

Wenn Sie beide Übungen besser können und gut trainiert haben, können Sie diese wunderbar miteinander kombinieren. Reiten Sie beispielsweise auf der linken Hand an der langen Seite, lassen Sie ihr Pferd bis »B« – also die Mitte der langen Seite – im Kruppe-heraus gehen und stellen es dann sofort ins Schulter-herein, bis die Bahnlänge zu Ende ist. Lassen Sie Ihr Pferd geschmeidig tanzen – je eleganter Sie sich dabei mitbewegen und je sensibler Sie Ihr Pferd in diesen Lektionen führen, umso schöner wird das Ergebnis sein. Diese Übungen sind, richtig ausgeführt, die Grundlage für jede weitere Dressurarbeit.

Seitengänge & Co. – Travers, Renvers und Traversalen

Sie haben nun das Schulter-herein und Kruppe heraus erlernt und fühlen sich schon ganz wohl innerhalb dieser Übungen? Dann dürfen Sie sich ruhig an die folgenden Lektionen heranwagen.

Der Travers

Aus dem Kruppe-heraus erarbeiten Sie den Travers. Während im Kruppe-heraus Ihr Pferd entgegengesetzt der Bewegungsrichtung gestellt ist, müssen Sie nun Ihr Pferd umstellen.

Ein Beispiel

Sie befinden sich auf der linken Hand im Kruppe-heraus, lassen Ihr Pferd nur drei Tritte in dieser Lektion laufen und stellen es nun um.

- Das Pferd wird nach rechts gestellt und innen in der gesamten Wirbelsäule rechts hohl gebogen in Bewegungsrichtung, auf die nächste Ecke zugehend, eingestellt.
- Machen Sie bitte nicht den Fehler und nehmen Sie nun eine Zügelhand höher als die andere. Beide Zügelhände bleiben in der Höhe gleich, die Ellenbogen liegen am Körper.

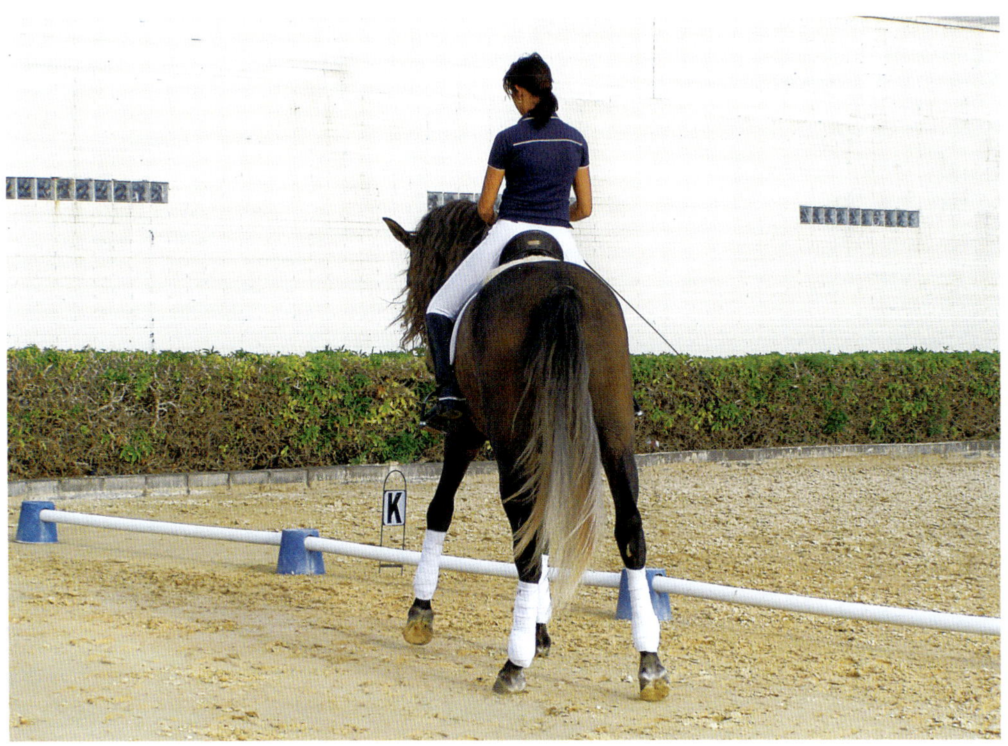

Einleitung zum Travers

- Sie drehen geschmeidig Ihre linke Schulter etwas vor, die rechte geht leicht zurück. Vorsicht, nicht in der Hüfte einknicken.
- Sie halten Ihr Pferd zwischen den Schenkeln. Denken Sie an meinen Vergleich mit Zug und Schiene, lassen Sie Ihr Pferd nicht aus der Schiene heraus, das sind Ihre Beine.
- Durch ein sanftes Durchfühlen der Wade rechts, die jetzt in der Lektion des Travers die innere Wade ist, kontern Sie mit dem äußeren Oberschenkel und der Wade gegen.

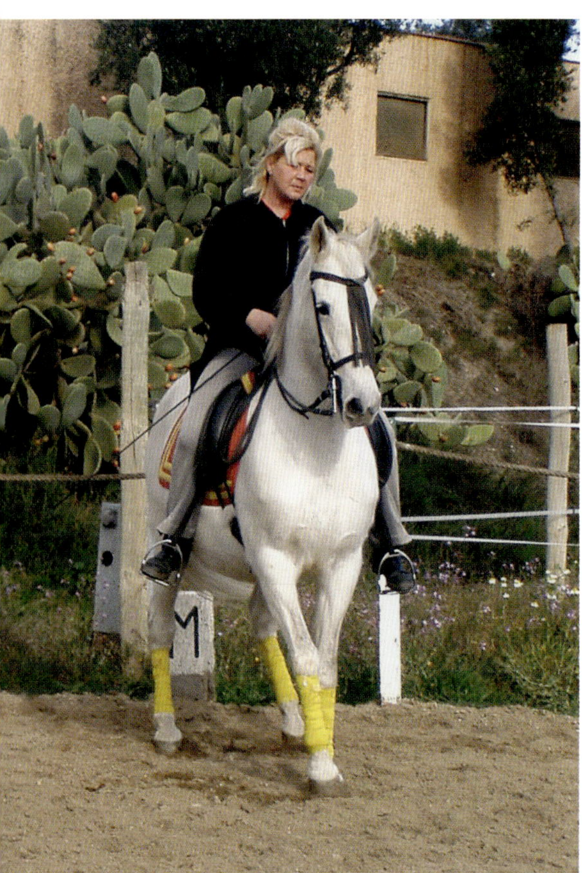

Einleitung zum Renvers

- Es geht immer wieder im Wechsel innerer Schenkel äußerer Zügel, und umgekehrt.

Wichtig ist, dass Sie das innere Auge des Pferdes sehen innerhalb dieser Lektion, das Pferd in die Bewegungsrichtung gestellt ist und innen hohl gebogen wird. Sie werden sehen, je geduldiger Sie zuvor beim Erlernen des Kruppe-heraus und Schulter-herein waren, umso einfacher wird Ihnen nun die Umstellung zum Travers fallen.

Die feinen Unterschiede

Im Prinzip klingen all diese Übungen meist in der Theorie schwieriger, als sie wirklich sind. Sie müssen sich einfach nur bewusst werden, was Sie tun möchten: Wie soll Ihr Pferd gestellt sein? Wo ist der Unterschied zwischen Kruppe heraus und Travers? Generell sind Travers, Renvers, die Traversale und Volltraversale immer Übungen, in denen das Pferd innen hohl gebogen in Bewegungsrichtung gestellt ist. Kruppe heraus und Schulter herein sind das genaue Gegenteil dazu, das Pferd ist entgegengesetzt der Bewegungsrichtung gestellt. Der Abstellungsgrad innerhalb einer Traversale, Renvers oder Travers ist deutlich höher als im Kruppe-heraus oder Schulter-herein. Mit Abstellung ist der Grad der Schräge gemeint.

Der Renvers

Der Travers ist meiner Meinung nach recht einfach zu erlernen, haben Sie doch die Bande noch als Begrenzung zur Verfügung.

Schwieriger wird es im Renvers, den Sie aber ganz einfach aus dem Schulter-herein entwickeln können. Sie müssen nur aufpassen, dass Ihr Pferd nicht vortritt in die Bahnmitte. Halten Sie mit Ihren Kreuz- und Schenkelhilfen dagegen, das ist ganz wichtig.
Arbeiten Sie beispielsweise im Schulterherein auf der rechten Hand. Stellen Sie Ihr Pferd nun um, sodass es die Übung genauso weiter läuft, aber Kopf und Hals werden umgestellt in die Bewegungsrichtung, die innere Seite wird nun hohl gebogen.

Kontrolle durch Videoaufnahmen

Die Übung macht den Meister, es dauert sicher eine ganze Weile, bis man diese Seitengänge alle schön hinbekommt. Diese sind wiederum unerlässlich für die weiteren Lektionen wie Traversalen und Volltraversalen. Wenn Sie keine Möglichkeit haben, sich selbst zu korrigieren, bitten Sie einen Reiterkollegen darum, Sie einmal zu filmen bei diesen Übungen. So kommen Sie meist schon dem »schwarzen Peter« selbst auf die Spur, wenn mal etwas gar nicht klappen sollte. In Videoclips kann man prima seine Fehler sehen.

Die Traversale

Um eine Traversale zu reiten, können Sie zwei Dinge versuchen:
1. Sie können versuchen, die Traversale aus dem Zirkel heraus zu entwickeln. Das Pferd soll – das ist ganz, ganz wichtig, denn die meisten verstehen diese Lektion völlig verkehrt – vorwärts-seitwärts gehen, in Bewegungsrichtung gestellt und innen hohl gebogen.
Legen Sie mehr Wert auf Takt und Vorwärts innerhalb dieser Lektion als auf das Seitwärts. Der Ausdruck der Seitwärtstritte kommt mit der Zeit.

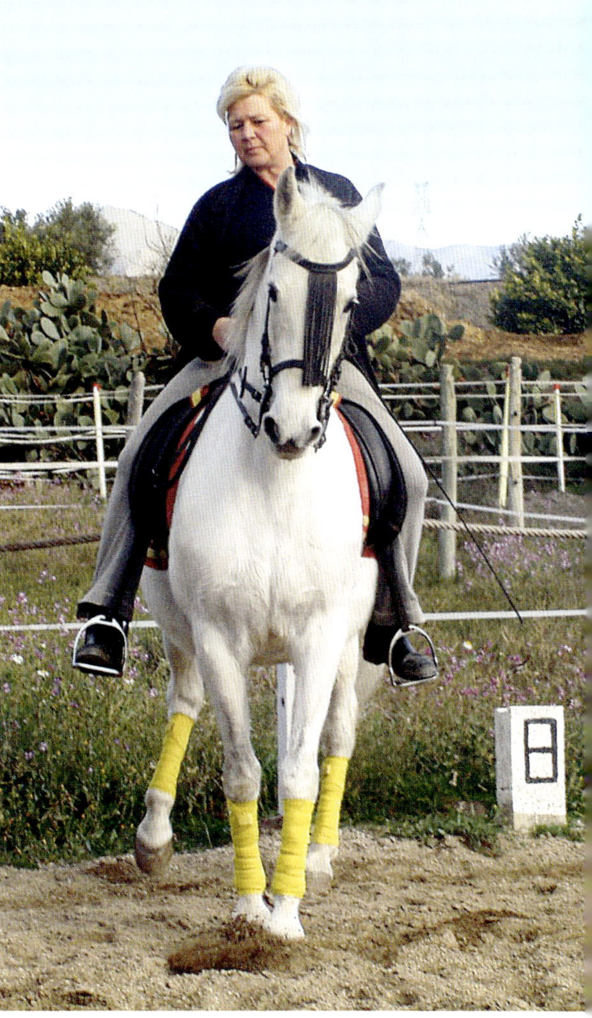

Renvers

- Versuchen Sie mal auf der offenen Zirkellinie die Biegung mitzunehmen, die Sie ja nun auf dem Zirkel schon haben, und las-

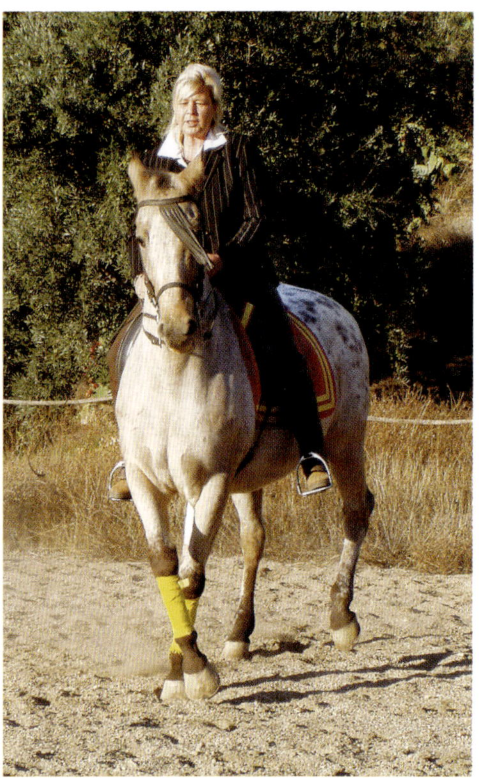

Die Traversale

sen Sie Ihr Pferd einfach mal zwei, drei Tritte zur Seite weichen.

- Halten Sie Ihr Pferd zwischen Ihren Schenkeln, ziehen Sie nicht die Absätze hoch zum Treiben. Treiben Sie mit Oberschenkel und Wade – innerer Zügel, äußerer Schenkel und umgekehrt.
- Sitzen Sie geschmeidig mit, knicken Sie nicht in der Hüfte ein. Schauen Sie in die Richtung, in die das Pferd vorwärtsseitwärts traversieren soll.
- Nehmen Sie sich die Gerte zur Hilfe, die Sie jeweils auf der äußeren Seite tragen. Geben Sie dem Pferd damit einen impulsartigen Streich, entweder an den Flanken oder auf der Kruppe, falls es Ihren Schenkel nicht annimmt.

Versuchen Sie, das Pferd auf die feinstmöglichen Hilfen abzustimmen. Der innere Schenkel in dieser Lektion ist der vorwärtstreibende Schenkel und gleichzeitig auch der, der für die Biegung des Pferdes zuständig ist. Der äußere Schenkel gibt den Impuls, um die Hinterhand auszujustieren, damit diese nicht wegfallen kann. Gleichzeitig gibt er den Nachdruck für die untertretende Hinterhand.

Die Volltraversale

Wenn Ihnen zwei oder drei Traversalschritte gelungen sind auf der offenen Zirkellinie, probieren Sie mal ein »aus der Ecke kehrt«, und traversieren Sie auf Buchstabe B oder E zu. Wenn Ihnen dies gelingen sollte, können Sie sich an die Traversale durch die ganze Bahn wagen, von M nach K oder von F nach G. Volltraversalen kann man schön probieren von B nach E durch die Mitte der Bahn. Das Pferd soll nun in gerader Linie nur seitwärtsgehen, z. B. von B nach E. Legen Sie sich anfangs zwei Stangen hin und nehmen diese als Begrenzung. Die Volltraversale ist mit Sicherheit eine der schwierigsten Lektionen innerhalb der Seitengänge.
Sie müssen immer wieder probieren, ohne dabei aber Ihr Pferd »sauer« zu machen. Schlecht gerittene Seitengänge, überbogene Pferde innerhalb dieser Übungen, falsch gestellt, sind eher schädlich für das Pferd. Wenn Sie zur Gymnastik gehen, ziehen Sie sicher auch einen Fachmann vor, der Sie in die Übungen leitet, also scheuen Sie sich nicht, kompetente Hilfe für sich und Ihr Pferd in Anspruch zu nehmen, wann immer es möglich ist.

Der Spanische Schritt – die Jambette

Der Spanische Schritt ist eine herrliche und gymnastizierende Übung für jedes Pferd. Und ebenso fördert er die Konzentration des Pferdes. Innerhalb einer freien Pferdeherde kann man diese spanische Dressurlektion immer wieder bei Pferden beobachten. Hengste und Stuten zeigen diesen Schritt innerhalb des Paarungsspieles, der Hengst umwirbt die Stute mit hoch erhobener Vorderhand, um sie zum Paarungsspiel zu animieren, oder umgekehrt, die Stute wehrt den Hengst so auch oftmals ab.

Dies sind meist zwar nur ein oder zwei Tritte, die in der Natur beobachtet werden können, bestätigt aber hiermit, das jedes Pferd dies könnte, denn es liegt in seiner Natur.

Bei Wallachen ist es vielleicht etwas schwieriger herauszuarbeiten, weil sie den Paarungstrieb nicht mehr in sich tragen. Aber generell ist es natürlich trotzdem möglich, es ihnen beizubringen.

Die Vorübung Jambette

Die Vorübung zum perfekten Spanischen Schritt nennt sich »Jambette«. Sie sollten sich mit ein paar Leckerlis bewaffnen oder einfach ein wenig Pferdekraftfutter in die Tasche stecken, eine Touchiergerte, etwa 1,20 m Länge, die nicht zu fein ist, ein Halfter und Strick, und fertig wären die Vorbereitungen.

Öfter kann man beim Anlernen dieser Übung einen Helfer gut gebrauchen, aber wenn Sie selbst nicht sicher sind, wie es wird, und lieber keine Zuschauer dabeihaben wollen, geht es natürlich auch alleine. Es wäre gut, wenn ein Reitplatz zur Verfügung stünde oder ein Roundpen – in unserem Fall Picadero genannt.

Eine Außenstallwand reicht aber auch, damit das Pferd zu einer Seite hin eine optische seitliche Begrenzung hat. Für alle Hengsthalter, die einen vielleicht etwas dominanteren Hengst besitzen: Sie sollten den Kappzaum oder das Serreton (bitte ummantelt – also »forado«) nutzen, anstatt des Stallhalfters.

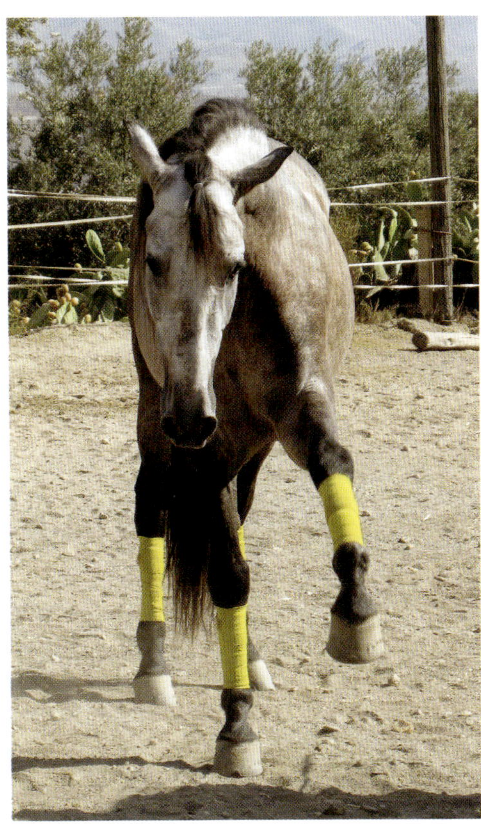

Die Jambette in völliger Freiheit auf der Koppel, freiwillig ausgeführt

So üben Sie

Vorbereitungen

Innerhalb der Jambette soll das Pferd zunächst einmal nur eine Vorderhand hochnehmen, strecken und wieder herunterlassen.

Sorgen Sie dafür, dass Ihr Pferd für diese Übung nicht voller Bewegungsdrang ist, also nicht direkt aus der 24-Stunden-Boxenhaltung loslegen (wobei ich hoffe, dass meine Leser ihre Pferde nicht so halten). Ablongieren wäre in diesem Fall von Vorteil. Allerdings sollte das Pferd auch nicht zu müde gemacht worden sein, denn es braucht für diese Lektion seine absolute Aufmerksamkeit und auch Gehorsam Ihnen gegenüber. Ihr Pferd muss generell an eine Gerte gewöhnt sein, sollte dies nicht der Fall sein, müssen Sie sich Zeit dafür nehmen, es mit der Gerte überall langsam und vorsichtig abzustreifen, damit es sich davor nicht fürchtet.

Das Anheben der Vorderhand

Beginnen wir mit der linken Vorderhand.

- Führen Sie das Pferd auf den ersten Hufschlag und lassen es erst einmal stehen.
- Halten Sie den Führstrick in der linken Hand, stellen Sie sich neben Ihr Pferd, ein Stück vor seine Schulter mit Blick zu seiner Hinterhand. Einen halben Meter Distanz etwa sollten Sie zum Pferd einhalten.

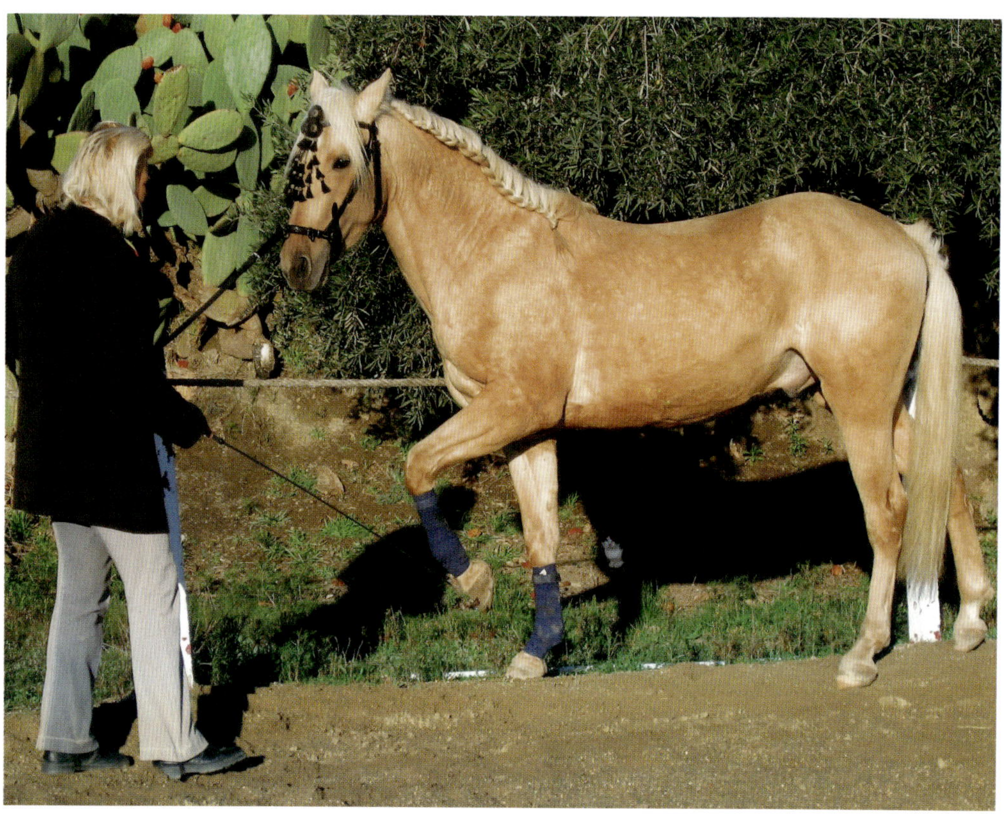

Erster Versuch: Das Pferd begreift schnell, dass es die Vorderhand heben soll ...

- Beginnen Sie nun herauszufinden, wo bei Ihrem Pferd an seiner Vorderhand ein guter Touchierpunkt ist. Wann reagiert es mit Anheben der Vorderhand? Fangen Sie am Ellenbogen an, probieren Sie den Oberarm, dann das Karpalgelenk, die Röhre, vorne und hinten, das Fesselgelenk, vorne oder hinten. Nehmen Sie Ihre Gerte und touchieren Sie – aber bitte mehr oder weniger sanft, aber eben doch so, dass es das Pferd auch merken kann. Streifen mit der Gerte hilft oft nur bei ganz sensiblen Pferden etwas. Wo reagiert es am besten? Aus Erfahrung heraus klappt es am besten am Röhrbein, aber Ausnahmen bestätigen die Regel.
- Ganz wichtig dabei ist das Verbinden eines Stimm- oder Schnalz-Signals. Es muss immer gleich bleiben für diese Übung, so kann das Pferd leichter verknüpfen. Später wird schon alleine das Schnalzen oder Ihr gewähltes Kommandowort ausreichen, damit die Vorderhand gehoben wird. Wir verwenden hier das Schnalzen. Es wird nur dann gegeben, wenn die Gerte touchiert, und nur einmal – nicht laufend ständig hintereinander, davon wird Ihr Pferd ganz wirr. Es ist schon oft vorgekommen, dass der Trainer einen Huftritt gegen das Knie bekommen hat. Daher Sicherheitsabstand einhalten!

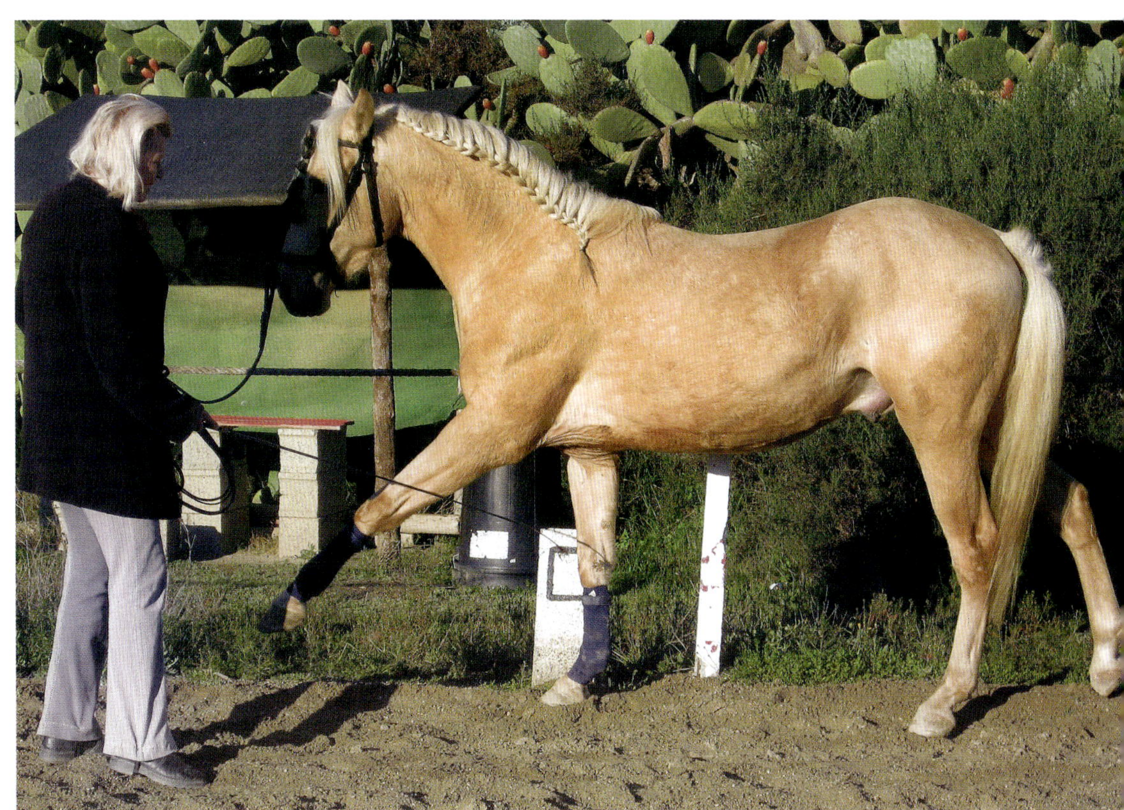

... und nun streckt es die Vorderhand.

Die Weiterführung – der Spanische Schritt

Nachdem Sie nun erfolgreich waren in der Jambette, gehen wir zum zusammenhängenden Spanischen Schritt über.

So üben Sie

Vorbereitungen
Sie verlangen nun von Ihrem Pferd zwei Tritte in Folge Jambette, einmal linke Hand, und darauf sollte sofort die rechte Hand folgen. In dieser Übung bleiben Sie nun allerdings auf der linken Hand beim Üben, deshalb ist es wichtig, die Jambette der rechten Vorderhand auch zwischendrin mal auf der linken Hand einzuüben. Verlangen Sie bitte nur zwei hintereinanderfolgende Tritte, nicht mehr.
Erst nach zwei oder drei Tagen, wenn das Pferd richtig verstanden hat und nun verknüpfen kann, fordern Sie vier bis sechs Tritte hintereinander in Folge, links-rechts, links-rechts usw.
Auch hier bitte nicht ganz so viel Gewicht auf den Ausdruck legen, das kommt alles fast von selbst durch ständiges Üben. Allerdings sollten Sie bei latschigen oder gar lustlosen, schleppenden Tritten der ganzen Übung etwas mehr Nachdruck verleihen.

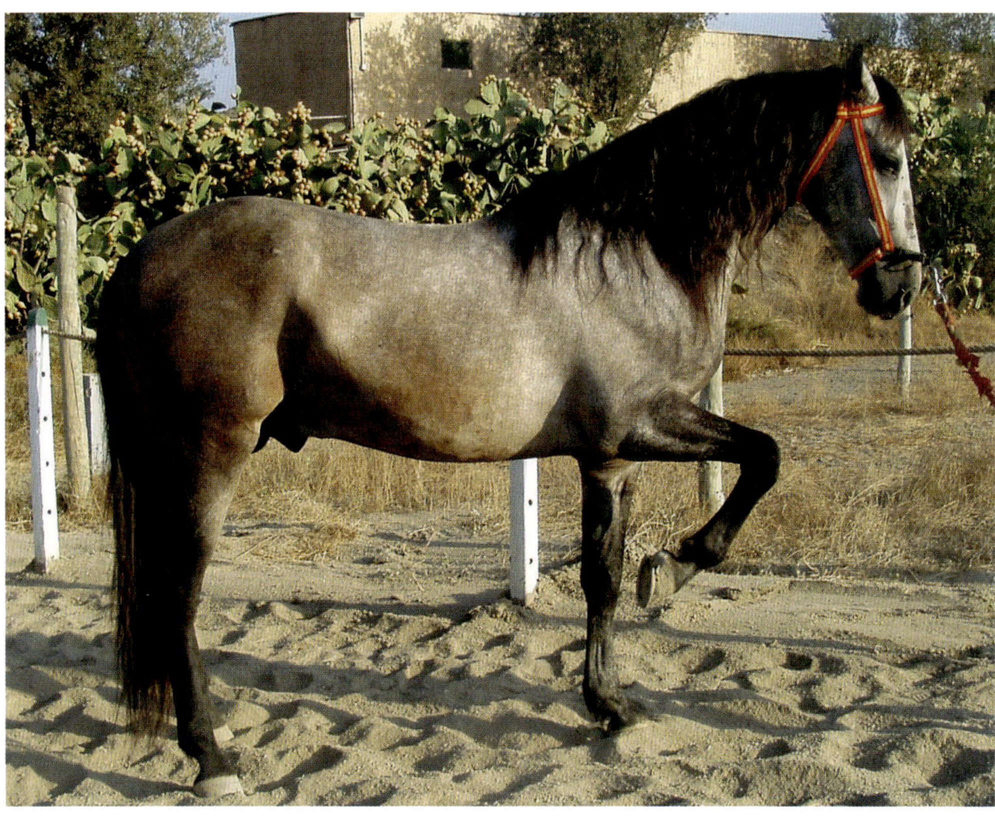

Hier muss etwas mehr Nachdruck in die Übung kommen, das Pferd wirkt schläfrig.

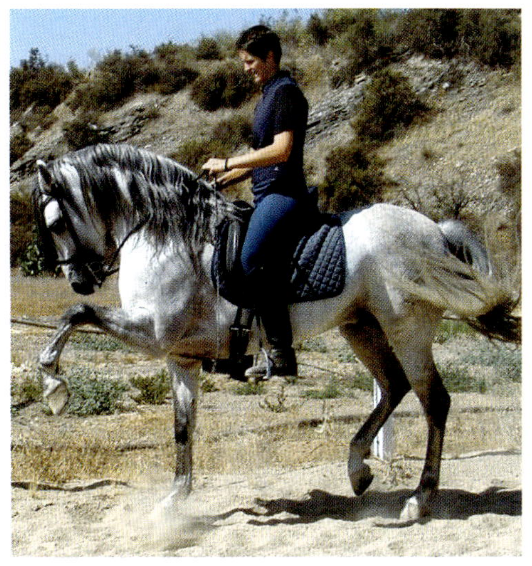

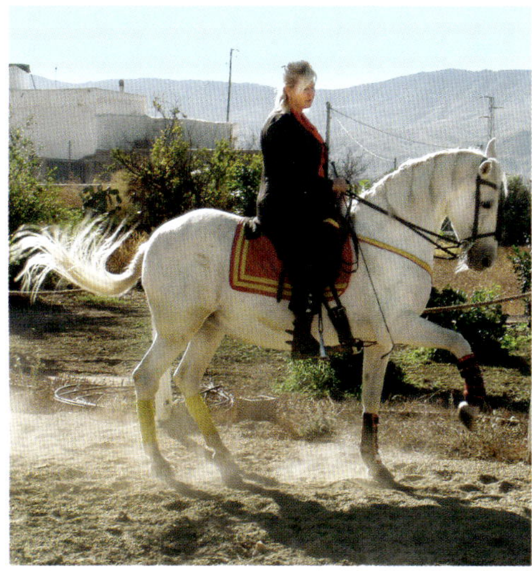

In der Abb. links ist das Pferd etwas zu sehr aufgerollt in der Lektion – ein Zeichen, dass nicht sauber vorgegangen wurde beim Üben der Jambette. Die Reiterin trägt keine Schuld, der vorherige Ausbilder dieses Pferdes hat die Lektion wahrscheinlich für ein Leben lang bei diesem Pferd falsch geprägt. Rechts zum Vergleich, wie es aussehen sollte.

Vom Sattel aus

Wenn das Pferd an der Hand schön im Spanischen Schritt läuft, wird es Zeit, die Übung auch vom Sattel aus zu probieren. Wenn man anfangs einen Helfer hat, der vom Boden aus mit touchiert, hat man es einfacher, aber es müsste nach guter Schulung auch alleine gehen.

Ich erkläre Ihnen zunächst einmal die technisch korrekten Hilfen für den Spanischen Schritt. Beginnen wir mit der linken Vorderhand:

- Beide Zügel sollen in gleicher Höhe gehalten werden. Man sieht sehr oft, dass gerade in diesem Bereich von vielen nicht-professionellen Reitern der Fehler begangen wird, mit den Händen hoch- und runterzugehen. Das ist absolut fehlerhaft.
- Mit dem linken Zügel geben Sie einen feinen Impuls, während Sie Ihren linken Oberschenkel, Knie und Wade etwas lockern, damit die linke Schulter des Pferdes Freiheit bekommt, um die Vorderhand auch hoch- und vorstrecken zu können.
- Die gegenüberliegende rechte Wade gibt einen leichten Druck hinter dem Sattelgurt, um die mitgehende Hinterhand zu aktivieren.
- Der rechte Zügel bleibt verwahrend, gibt weder nach vorne nach, solange der Tritt noch nicht ausgeführt ist, noch gibt er einen Impuls auf das Pferdemaul, er verwahrt einfach nur.
- Mit der Gerte touchieren Sie Ihr Pferd, falls nötig, am linken Schulterblatt, um den Tritt einzuleiten.
- Verwenden Sie, wie gehabt, Ihr Stimmkommando.
- Wenn das Pferd nun reagiert und den Tritt tatsächlich ausführt, geben Sie sofort mit der Zügelhand nach, loben es

ausgiebig und wiederholen den Tritt nach ein paar normalen Schritten wieder.

Das Ganze versuchen Sie dann auf der rechten Hand mit selbstverständlich genau seitenverkehrter Hilfengebung, das versteht sich von selbst.

Der Übergang zum Spanischen Schritt
Klappt die Jambette nun auch vom Sattel aus bestens, können Sie übergehen in den Spanischen Schritt. Bei Problemen oder Schwierigkeiten lieber wieder einen Schritt zurück gehen und an der Hand nochmals wiederholen, bis Ihr Pferd vollkommen verstanden hat.

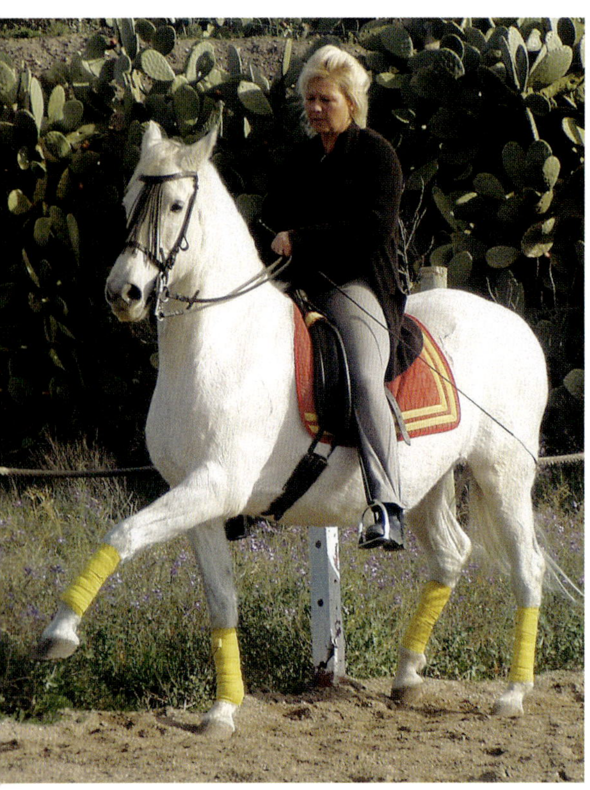

Die Hispano-Araber-Stute hält den Vorderarm so lange gestreckt, wie es ihre Reiterin wünscht.

Zeit darf keine Rolle spielen. Durch zu schnelles Vorgehen gibt es schon einige hundert Pferde, die diesen Tritt nie richtig lernen werden, weil er am Anfang durch Ungeduld zu schnell in Vollendung verlangt wurde. Eingeschlichene Fehler in dieser Lektion bleiben fürs Leben haften, man kann das Pferd nur schwer wieder korrigieren. Also bitte haben Sie die nötige Geduld.

- Sobald Ihr Pferd auf das Schnalzen oder Stimmkommando und den dazugehörigen Gertentouch reagiert und die linke Vorderhand hebt und streckt, müssen Sie es sofort zum Weitergehen animieren. Gehen Sie also einen Schritt rückwärts. Der richtige Moment ist wichtig. Wenn die Vorderhand schon wieder beim Absenken ist, wäre es schon zu spät. das Kommando zum Weitergehen zu geben. Es erfordert einige Übung und ein gutes Auge.
- Achten Sie vermehrt auf die diagonale Hinterhand, schauen Sie dem Pferd also nicht in die Augen oder blicken zu seinem Kopf, sondern lassen Sie Ihr Auge auf der diagonalen Hinterhand ruhen, diese muss ja nun vortreten, wenn es weitergehen soll.
- Legen Sie anfänglich nicht so viel Wert auf den Ausdruck der streckenden Vorderhand, wichtig ist, dass ein Bewegungsfluss im Schritt nach vorne erhalten bleibt. Üben Sie zunächst nur einen Tritt der Jambette und lassen Sie das Pferd dann zwei bis drei Tritte normalen Schritt gehen, bevor Sie die Übung erneut einleiten. Je nach Intelligenz und Veranlagung des Pferdes können Sie, wenn Sie alles richtig machen, nach etwa drei Tagen mit einem guten, passablen Erfolg rechnen.

- Nach jedem Jambette-Tritt sollten Sie dem Pferd anfänglich eine Belohnung reichen. Seien Sie aber vorsichtig mit den Belohnungshäppchen – es gibt manche Pferde, die das sehr schnell ausnutzen und dann nur noch in den Taschen wühlen, um zu versuchen an die Leckerli heranzukommen, oder die gar anfangen, gierig nach Ihrer Hand zu schnappen. Man muss mit viel Einfühlungsvermögen versuchen herauszufinden, wann es nun gut ist mit der Leckerli-Reicherei. Wenn die Jambette beherrscht wird, reicht es, am Ende der ganzen Übungssequenz eine Belohnung zu reichen, ein ausgiebiges Klopfen des Halses und Loben mit der Stimme reichen oft auch genauso aus.

Von hinten treiben

Die Jambette auf der linken Hand ist dann perfekt, wenn das Pferd jeden Tritt in Folge läuft, wann immer Sie es wünschen und fordern. Ohne dabei zu stocken und länger zu werden, statt mit der Hinterhand mitzulaufen.

Sollte dies passieren, brauchen Sie einen Helfer, der das Pferd im richtigen Moment von hinten mit vorwärts treibt, durch das Heben einer langen Longiergerte beispielsweise. Oft genügt auch nur ein dynamischer, selbstbewusster Schritt vom Helfer hinter dem Pferd auf das Pferd zu. Der Helfer sollte aber auf einen Sicherheitsabstand in Bezug auf die Hinterhand des Pferdes achten. Manche Pferde fühlen sich schnell unter Druck gesetzt, wenn vorne jemand steht und gleichzeitig von hinten durch eine weitere Person Druck ausgeübt wird. Der »Antreiber« kann sich unversehens auf seinem Hinterteil und mit einer Prellung dekoriert finden.

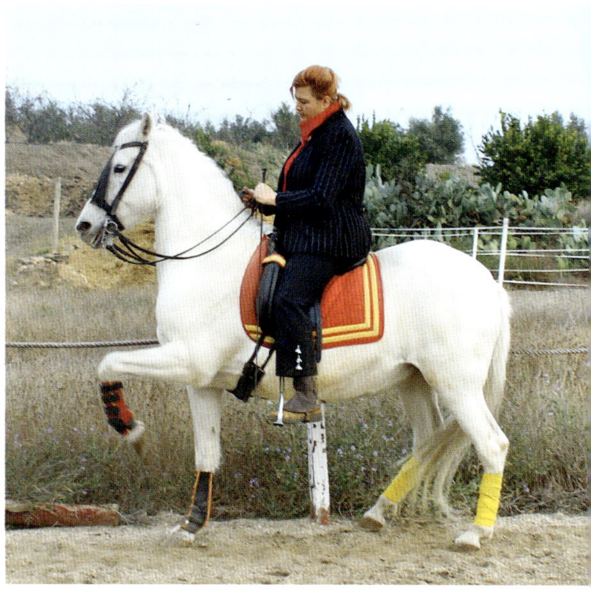

Die Autorin mit ihrer Stute Lady in der Jambette, wie sie aussehen sollte. Achten Sie auf die völlig durchhängenden, losen Zügel bei gleichzeitig höchster Versammlung des Pferdes.

Die rechte Hand einbeziehen

Wenn Sie zufrieden sind mit dem Ergebnis der Jambette auf der linken Hand, der Ausdruck des Streckens des Vorderarmes schön ist, die Hinterhand mitgeht, das Pferd also die Übung auch im Schritt ausführt und nicht anfängt, auf der Stelle mit der Vorderhand zu buddeln oder zu graben, dann können Sie mit der rechten Hand weitermachen.

Den meisten Reitern und Trainern liegt es nicht so, auf der rechten Hand zu arbeiten, man ist auf dieser Seite längst nicht so geschickt und geübt wie auf der linken. Sind wir es doch gewohnt, beim Pferd fast alles von der linken Seite auszuführen. Aufsatteln und Auftrensen und das Aufsteigen. Aber probieren Sie ruhig mal aus, diese Übung dann auch auf der rechten Hand

durchzuführen, es wird Sie schulen. Und Ihr Pferd auch.
Gehen Sie auf der rechten Hand genauso vor wie auf der linken Hand. Vermeiden Sie es, beide Hände in Folge zu verlangen, solange die Jambette nicht perfekt einzeln durchgeschult ist. Das Ergebnis des Spanischen Schrittes in Vollendung und Vollkommenheit wird Sie später strahlen lassen. Lieber geduldig sein. Ihre Geduld und Mühe wird sich auszahlen.

Tipps und Tricks

Manchmal kann es hilfreich sein, beim Antrainieren des Spanischen Schrittes vom Sattel aus zwei Gerten zu verwenden, um beide Schultern touchieren zu können. Alternativ dazu können Sie aber auch die Gerte vertikal in der Hand führen und dann nach links oder nach rechts zur jeweiligen Schulter hinführen, je nachdem, welche Hand den Schritt ausführen soll. Es gibt keine festen Regeln beim Einstudie-

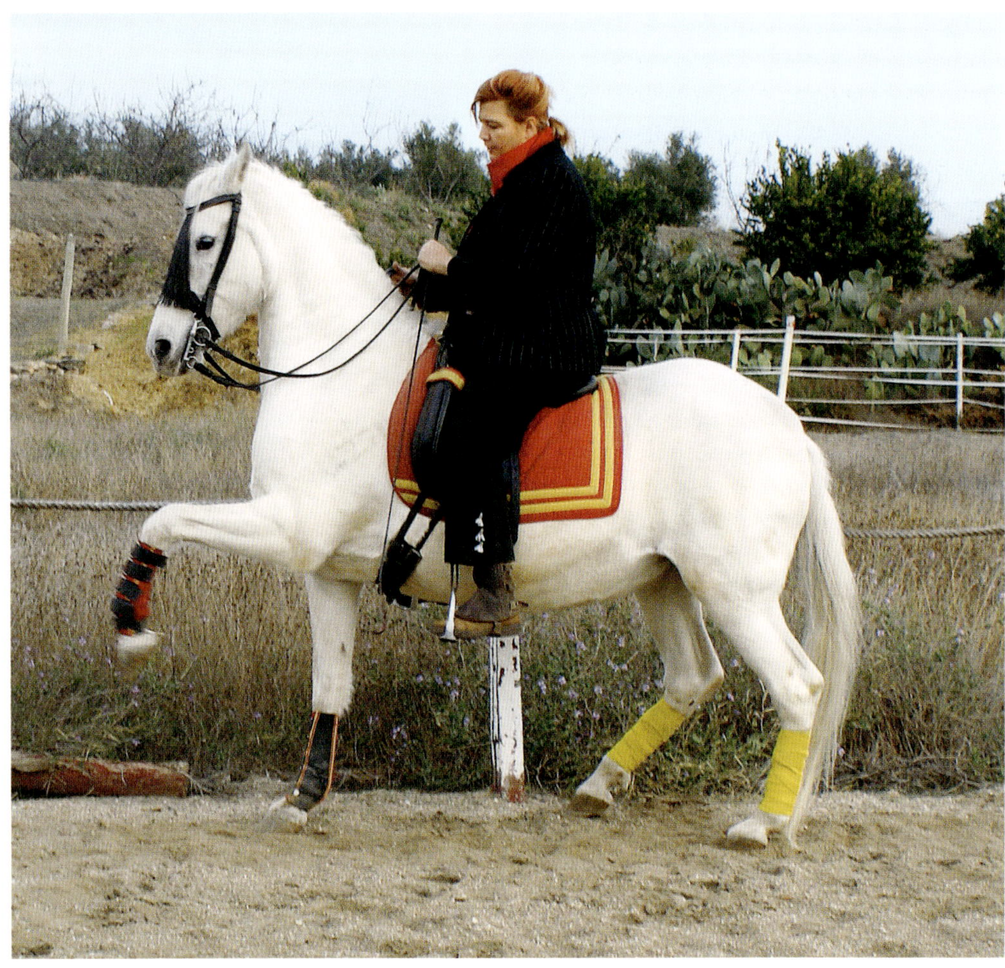

So sollte es sein: eine so schön erhobene und vorgestreckte Vorderhand in der Jambette oder dem Spanischen Schritt.

ren, und alle Methoden, die dem Pferd und der Lektion nicht schaden, sind immer legitim. Sie müssen einfach mal etwas probieren, denn auch jedes Pferd ist verschieden. Es gibt Pferde, denen schon das Stimmsignal ausreicht, wenn es von Anfang an konsequent benutzt wurde.
Generell kann auch jedes Pferd den Spanischen Schritt lernen, vom Haflinger bis zum Kaltblüter. Ich habe in meinen früheren Kursen oft Teilnehmer vorgefunden mit den verschiedensten Pferderassen oder Kreuzungen, und bei allen konnten wir den Spanischen Schritt erfolgreich ausarbeiten. Einzig und allein gab es einmal einen Haflinger des alten, schweren Schlages, der eine Bierruhe hatte und so gar nicht verstehen wollte.
Bei diesem Exemplar musste ich ihm die Vorderhand hochhalten und strecken, während ein Helfer ihm dann eine Pobacke touchierte, mehr oder weniger sanft, damit er begriff, dass nun ein Vorwärtsschritt erfolgen sollte. Der süße Bursche war mächtig überrascht und machte einen erschrockenen Satz nach vorne, aber nach und nach begriff auch er.

Mit dem Pferd verschmelzen

Ich möchte Ihnen noch einen zusätzlichen Tipp geben, der sich vielleicht zunächst einmal merkwürdig und vielleicht sogar etwas lächerlich anhört. Aber er hilft, Sie werden sehen. Ganz gleich, ob nun im Spanischen Schritt oder in anderen Lektionen.
Stellen Sie sich in Gedanken einen Tentakel vor, der sich mit seinen Saugnäpfen an ein Objekt andockt. Genauso müssen Sie sich an den Pferdekörper andocken. Sie saugen

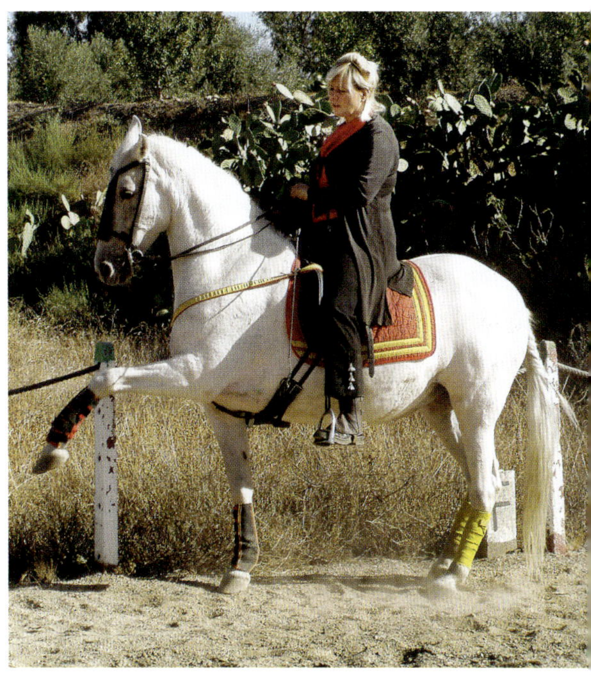

Eine so schön gestreckte Vorderhand im Spanischen Schritt ist das Ziel und die Kunst.

Ihren Körper am Pferd fest, verschmelzen so mit dem Pferdekörper zu einer Einheit, nicht mehr zwei Elemente.
Und gerade bei den Lektionen Spanischer Schritt oder Piaffe und Passage müssen Sie in dem hinterhandaktiven Moment »ansaugen« und im vorderhandaktiven wieder den Sog loslassen. Bitte nicht die nötigen Schulter-Kreuzhilfen dazu vergessen. Alles gehört zusammen.
Wenn Sie sich im Spanischen Schritt befinden, können Sie mit dieser Methode das Pferd dazu anhalten, die jeweilige Vorderhand so lange hochzuhalten, wie Sie es wünschen.
Es lässt sie erst wieder ab, wenn Sie Ihre Bein- und Kreuz-Schulterdurchspannung wieder lockern und damit die Schultern des Pferdes freigeben.

Der Galopp

Es gibt fast nichts Schöneres als einen versammelten Galopp, weich durchgesprungen und im Idealfall auch noch als herrliche Aufwärts-Galoppade. Bei jedem Galoppsprung des Pferdes haben Sie so das Gefühl, dass die Sprünge bergauf gehen. Innerhalb des Galopps kann man alle Seitengänge praktizieren, Galopp-Pirouetten springen oder fliegende Galoppwechsel durchführen. Auch der Außengalopp ist eine anspruchsvolle Lektion.
Eines zuvor: Bevor Sie an all solche Galopplektionen denken, sollten Sie in der Lage sein, Ihr Pferd auch versammelt reiten zu können. Eine Galopp-Pirouette ohne Versammlung kann dem Pferd nur schaden und wird sowieso dann niemals richtig ausgeführt. Eine Pirouette muss versammelt geritten werden.

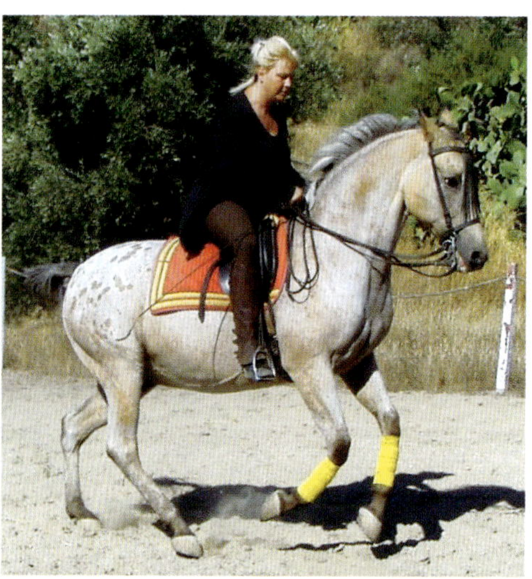

So soll er aussehen, der versammelte Galopp. Mit tief untersetzter Hinterhand springt der Wallach schön in den Galoppsprung hinein, er ist hoch versammelt am losen Zügel.

Ohne Versammlung geht es nicht

Die Gangart selbst wird natürlich in jeder Reitlehre ausführlich beschrieben. Ich möchte insofern mehr auf die Feinheiten innerhalb dieses Dreitaktes eingehen. Wenn Sie Ihre Galopparbeit verbessern möchten, sollten Sie wiederum viele Übergänge praktizieren. Nur ohne Sinn und Plan durch die Bahn zu galoppieren wird niemals zu einer Verbesserung innerhalb der Versammlung in dieser Gangart beitragen. Lernen Sie zuallererst, Ihr Pferd vernünftig im versammelten Tempo durch die Ecken zu reiten, und zwar sauber.

Die Übung vorbereiten

Um sich auf diese Übung vorzubereiten, habe ich hier folgenden Tipp für Sie:

- Galoppieren Sie Ihr Pferd an, denken Sie an die genaue Hilfengebung. Der äußere Schenkel liegt etwa eine Handbreit hinter dem Gurt. Ich meine damit nicht, dass der Absatz hochgezogen werden soll zum Treiben. Sie sollen lediglich die Wade zurück nehmen, mit dieser einen sanften Druck beim Angaloppieren geben und sie dann dort während des Galopps verwahrend liegen lassen.
- Der innere Zügel gibt dem Pferd leicht Stellung, er zieht nicht, hängt aber auch nicht durch, vielmehr geben Sie einen feinsten Impuls, während Ihr äußerer Zügel verwahrt.
- Der Po sitzt tief ein, der innere, gesamte Schenkel, will heißen: Ober- und Unterschenkel, nimmt etwas Durchspannung weg, damit die innere Schulter des Pfer-

des Freiheit hat, um vorne auch in den Galopp reinspringen zu können.
- Das Brustbein geht hoch, die Schultern etwas zurück, die Ellenbogen liegen in der Nähe der äußeren Rippenbögen.

Alle Hilfen müssen genau im gleichen Moment erfolgen. Will das Pferd anspringen, müssen Sie sofort mit den Händen nachgeben, damit der Galoppsprung auch vom Pferd herausgelassen werden kann. Aber Vorsicht: Nachgeben bedeutet nicht das Wegwerfen der Zügel, es bedeutet, einen Hauch von Millimetern vorzugehen mit der Reiterhand.

Übergänge üben

Lassen Sie Ihr Pferd nun nur fünf Sprünge im Galopp gehen und parieren Sie es dann wieder durch zum versammelten Trab. Zählen Sie wieder in Gedanken mit: eins, zwo, drei, vier – und jetzt schon müssen Sie wieder gegensitzen, um den fünften Galoppsprung leicht einzufangen, denn der sechste Sprung wird kein Sprung mehr, sondern ein Trabtritt.
Üben Sie diese Übergänge, bis Sie merken, dass Ihr Pferd immer feiner wird, die Hinterhand immer mehr untersetzt.

Die Ecken einbeziehen

Machen Sie diese Übung dann kurz vor den Ecken. Also z. B. bei Bahnbuchstabe C angaloppieren und bei M wieder durchparieren. Beginnen Sie nun die Ecken immer präziser auszureiten. Gerade in den Ecken ist es wichtig, dass Sie die leichte Biegung mit ausführen. Auf der rechten Hand geht Ihre linke Schulter etwas vor, Ihre rechte etwas zurück. Versuchen Sie mal, in den Ecken jeweils den äußeren Bügel etwas mehr auszutreten. Ganz wichtig ist, dass Sie das Tempo ruhig halten können. Üben Sie, durch die Ecke zu galoppieren im langsamen, kontrollierten und versammelten Galopp. Dies ist eine gute Grundlagenübung innerhalb der Galopparbeit – für alle weiterführenden Lektionen unerlässlich.

Meine Tipps

- Sollten Sie keinen Reitplatz haben, der mit Buchstaben ausgestattet ist, so können Sie ganz leicht Bahnbuchstaben selbst herstellen, ohne dass sie groß etwas kosten. Sie brauchen dazu nur acht Hohlblocksteine, weiße und schwarze Farbe, einen Pinsel, und das war's auch schon. Haben Sie eine feste Mauer als Reitplatzeingrenzung, können Sie auch Buchstaben zum Anbohren oder Ankleben im Reitgeschäft erwerben.
- Ein ganz heißer Tipp für alle, die den Kopf beim Reiten zu tief senken: Bringen Sie die Buchstaben zweimal an, einmal am Boden und in Kniehöhe. Reiten Sie immer punktgenau auf diese Buchstaben zu. Je höher diese hängen, umso mehr werden Sie Ihren Kopf anheben, Ihre Schultern werden zurückgehen und das Brustbein wird mehr nach oben angezogen.

Vorsicht bei nervösen Pferden

Bitte seien Sie aber vorsichtig bei sehr temperamentvollen Pferden. Zu viele Übergänge machen diese Pferde eher nervös und hitzig. Sie müssen sehr vorsichtig vorgehen und zwischen den einzelnen Über-

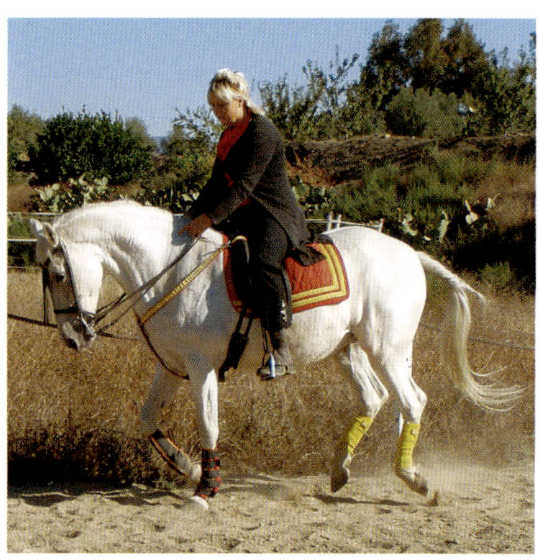

Bei Jungpferden gilt: Vor dem versammelten Galopp muss das Pferd erst einmal ausreichend im sanften, freien und ruhigen Galopp trainiert werden. Das sieht beispielsweise so aus: ruhiges Abstreifen des Mähnenkamms beim relaxten Galopp am losen Zügel.

gängen etwas mehr Zeit vergehen lassen, zwischendrin immer mal wieder die Zügel etwas gehen lassen und ruhig und relaxt galoppieren.
Gehen Sie ab und an in den leichten Sitz über, stellen Sie sich also etwas in die Bügel, heben Sie den Po ein wenig aus dem Sattel und klopfen Sie beruhigend den Hals Ihres Pferdes.

Start aus dem Rückwärtsrichten

Das Angaloppieren aus dem Rückwärtsrichten ist ebenfalls eine sehr hilfreiche Übung, um den Schub aus der Hinterhand mitzunehmen und darauf aufbauend ein paar Galoppsprünge in der Versammlung zu trainieren.
Richten Sie Ihr Pferd drei bis vier Tritte rückwärts, aber denken Sie bei dem letzten Rückwärtstritt schon an das Angaloppieren. Noch während das Pferd den letzten Rückwärtstritt ausübt, geben Sie sofort die Hilfen zum Angaloppieren.

Probleme beim Angaloppieren

Wenn Sie generell Probleme mit dem Angaloppieren haben und lediglich einen Galopp erreichen können, wenn das Pferd im Trab immer schneller und schneller wird bis es letztendlich irgendwann mal in den Galopp fällt, dann stimmt etwas in Ihrer generellen Körperdurchspannung nicht.
Sie sollten sich intensiv mit den ersten Kapiteln dieses Buches befassen und alle dort aufgeführten Übungen trainieren. Zusätzlich an dieser Stelle noch ein Tipp für Sie, der eventuell hilfreich sein könnte: Wenn Sie beispielsweise joggen und dann mal selbst in einen zweibeinigen« Galopp springen wollen, müssen Sie Ihren gesamten Körper mitnehmen, Schub entwickeln und Spannung, die Sie dann nach vorne zu einem Sprung herauslassen.
Nun stellen Sie sich mal zu Pferde vor, hinter Ihnen wäre ein Feuer ausgebrochen und Sie müssten sich und Ihr Pferd so schnell wie möglich in Sicherheit bringen. Versuchen Sie es mal mit dieser Vorstellung.
Ich habe auch viele Reiter gesehen in meinem Unterricht, die zwar mit ihrem Körper dem Pferd signalisieren: Galopp – aber dann in dem Moment, wenn das Pferd in den Galopp springen will, die Zügel festhalten. So kann es einfach nicht funktionieren. Sie müssen den ersten Galoppsprung auch zulassen. Und dazu gehört unbedingt die nachgebende Zügelhand.
Je feiner Sie das Pferd an Ihre Stimmhilfen gewöhnt haben, umso einfacher wird das Angaloppieren für Sie und Ihr Pferd sein.

Bei uns hier genügen schon ein leises »Hopp« sowie die jeweilige Schulter des Pferdes freizulassen, und schon galoppiert es auf der richtigen Hand an. Ich würde auf alle Fälle nochmals an der Longe intensiver mit dem Pferd arbeiten, wenn es die Galopphilfen nicht annimmt. Möglicherweise sitzen Sie auch schief, sodass das Pferd immer wieder im Außengalopp anspringt.

Weiterführende Übungen

Sollten Sie schon richtig gut gefestigt sein in der Galopparbeit und schaffen es, Ihr Pferd im versammelten Galopp zu arbeiten, könnten Sie mal versuchen Ihr Pferd in folgender Übung zu trainieren:
Reiten Sie Ihr Pferd auf der linken Hand, ganze Bahn. Bei der nächsten Möglichkeit versuchen Sie, sich im »aus der Ecke kehrt« im versammelten Galopp. Parieren Sie Ihr Pferd am jeweiligen mittleren Bahnbuchstaben durch, und galoppieren Sie dann im Rechtsgalopp an. Wenn das alles prima klappt, erschweren wir die Übung; versuchen Sie das »aus der Ecke kehrt« in einem Travers gesprungenen Galopp durchzuführen. Mit dieser Methode können Sie Stück für Stück auf tänzerische Weise auf die Galopp-Pirouette hinarbeiten.
Achten Sie darauf, dass Sie das »Kehrt-Wenden« in der Ecke so durchführen, dass das Pferd auch in die Bewegungsrichtung gestellt ist. Lassen Sie Ihr Pferd drei Sprünge im Galopp traversieren, die Hinterhand bleibt dabei fast auf der Stelle, leichte Tendenz nach vorne. Auf dem neuen Hufschlag angekommen, nicht vergessen, das Pferd in den richtigen Galopp umzustellen.

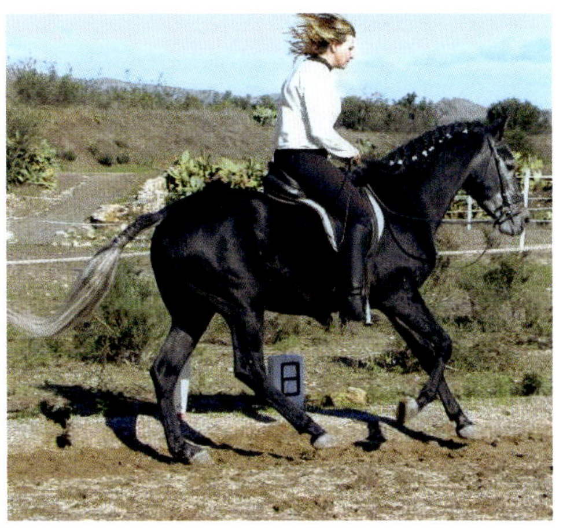

Locker sitzen, leicht vorbeugen, Zügel locker lassen und das Pferd im Tempo ruhig halten.

Fliegender Galoppwechsel

Wenn dies auch schon recht ordentliche klappen sollte, können Sie die Übung ausweiten und das Element des fliegenden Galoppwechsels mit einbauen. Je häufiger Sie schon zuvor dem Pferd suggeriert haben, dass immer ein einfacher Galoppwechsel folgt, wenn man auf die andere Hand geht, desto leichter wird Ihr Pferd nun verstehen, dass Sie zu diesem Wechsel nicht mehr durchparieren und neu angaloppieren, sondern dass Sie versuchen, diesen Wechsel einzuleiten durch geschickte Gewichtsverlagerung, kurzes Umstellen der zügelführenden Hilfen und Lockerung des inneren Beins, damit das Pferd die Schulter frei hat zum Umspringen. Probieren Sie einfach mal – warten Sie nicht zu lange mit den fliegenden Galoppwechseln. Je öfter man sie probiert, je früher man damit beginnt, umso besser wird das Pferd sich darauf einstellen und diese Wechsel auch mit Reiter ausführen. Denn auf der Koppel werden Sie Ihr Pferd sicher schon mal im fliegenden Wech-

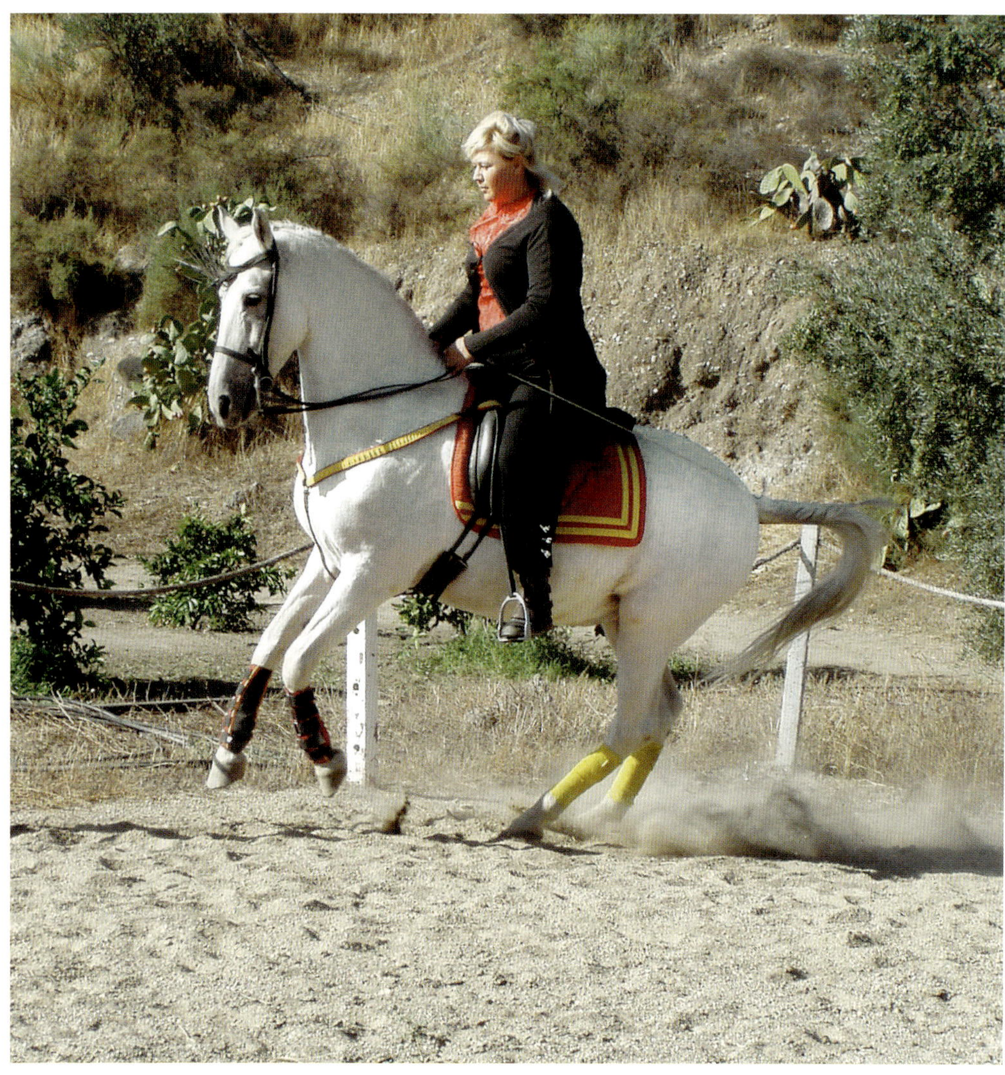

Angaloppieren aus dem Rückwärtsrichten

sel beobachtet haben. Sie müssen nur beim Reiten darauf achten, das Pferd so wenig wie möglich aus seinem Gleichgewicht zu bringen.

Galopp-Pirouette

Die Galopp-Pirouetten können Sie, nachdem Sie die Übung »aus der Ecke kehrt« häufig in traversartiger Stellung probiert haben, dann auch auf dem Zirkel ausbauen.

Reiten Sie den Zirkel Stück für Stück immer ein bisschen enger. Sie müssen versuchen, Ihr Pferd immer versammelter um die eigene Hinterhand springen zu lassen. Probieren Sie jeweils nur ein oder zwei

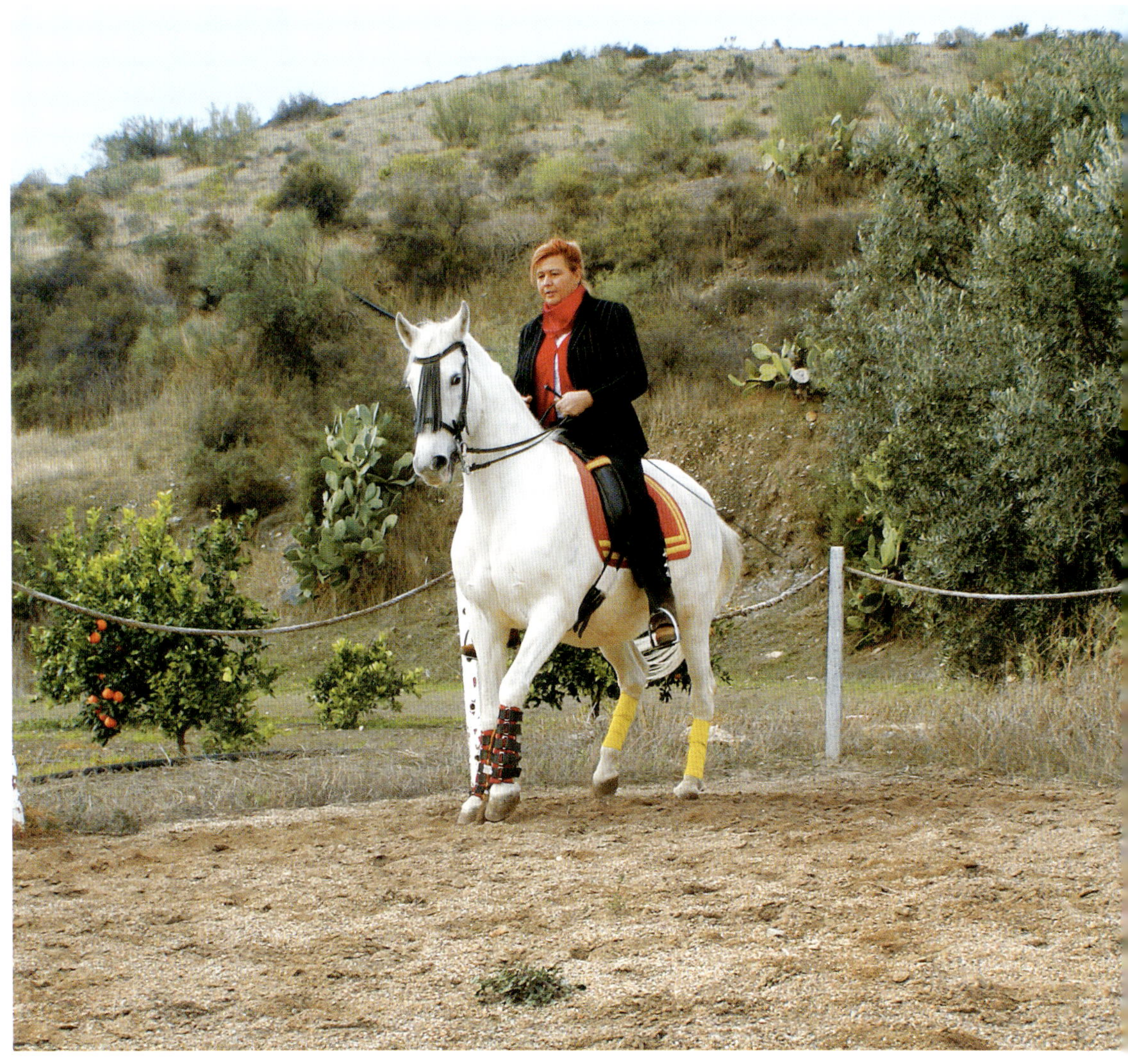

Das Einleiten der Galopp-Pirouette – hier mit Hispano-Araber-Stute Lady

Sprünge und lassen Sie das Pferd dann traversartig wieder aus diesen Sprüngen heraus. Erst nach und nach mit viel Training können Sie dann eine Pirouette erwarten. Wenn Sie zu früh damit anfangen, das Pferd auf der Stelle um die Hinterhand springen zu lassen, könnte eine Verweigerung die Folge sein. Gehen Sie langsam und spielerisch vor. Alle Seitengänge sollten Grundlage sein vor der Galopp-Pirouette – es wird Ihnen weniger schwerfallen, wenn Sie im Galopp ein Schulter-herein oder Kruppeheraus beherrschen und für Ihr Pferd wird die Galopp-Pirouette umso leichter sein, weil es im Vorfeld schon sehr gut gymnastiziert wurde.

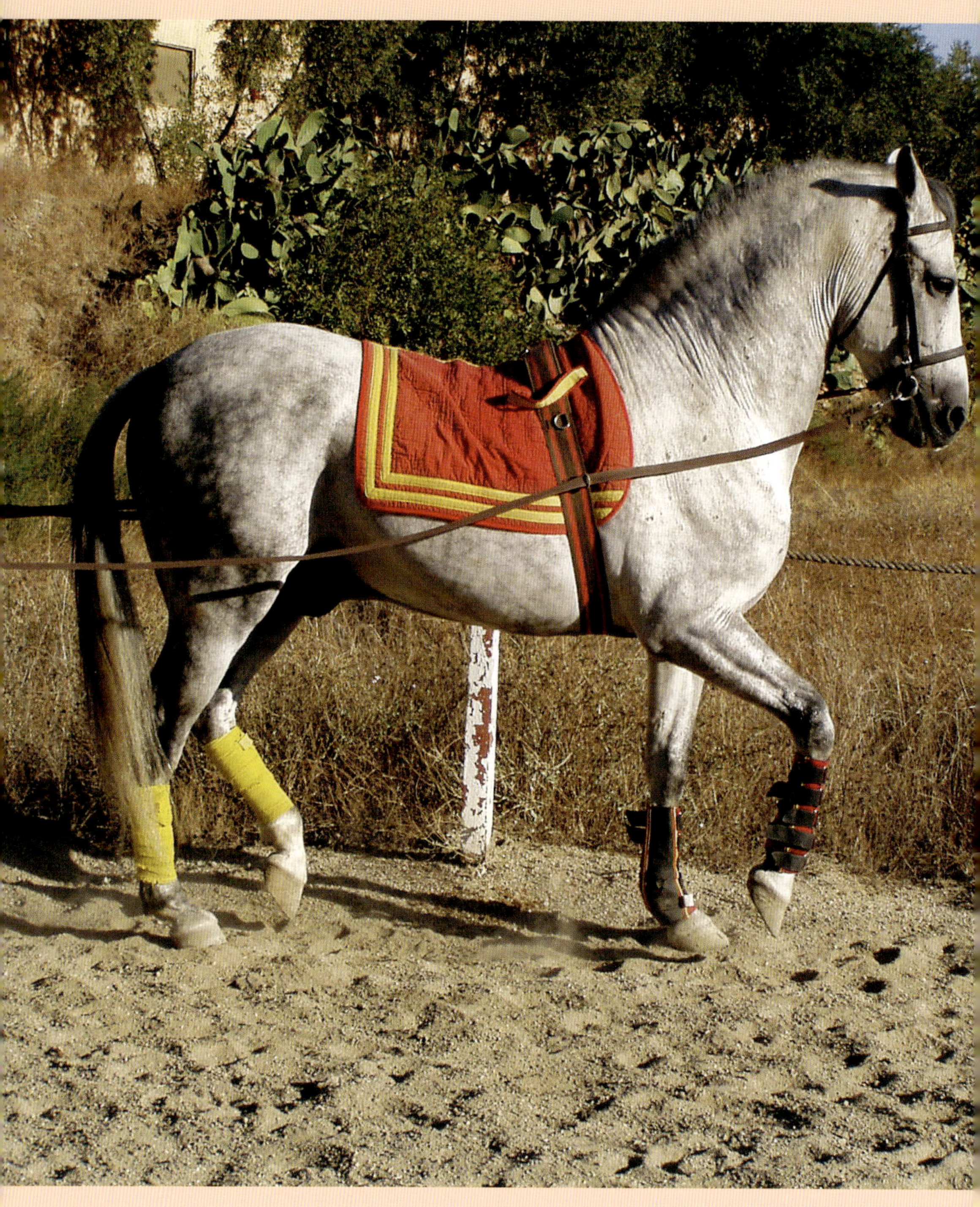

Dressurarbeit hinter dem Pferd am langen Zügel

Warum nicht mal anders? Auch vom Boden aus kann man Pferde wunderbar gymnastizieren. Und vor allem werden Sie auf diesem Wege Ihr Verständnis der Körpersprache des Pferdes verbessern können. Die Übung macht auch hier den Meister.

Arbeiten an den langen Leinen

Eine wunderschöne Abwechslung zum Dressurreiten und Longieren ist die Arbeit an langen Zügeln. Es ist ein herrliches Erfolgserlebnis, wenn es das erste Mal gelingt, hinter dem Pferd zu gehen und es mit zwei langen Leinen zu führen.

Die Ausstattung

Die Grundausstattung dazu hat wahrscheinlich jeder zu Hause: zwei Longen, eine Wassertrense, Longiergurt und Decke sowie eine lange Longierpeitsche. Ebenso wäre es vernünftig, das Pferd entweder mit Gamaschen oder Bandagen an allen Extremitäten auszustatten.

Es könnte immer mal passieren, dass sich das Pferd in den Leinen verheddert, sei es durch Erschrecken, oder weil Ihnen ein Fehler beim Führen der Leinen passiert ist.

Sie sollten also als Allererstes auch das Pferd an die Leinen gewöhnen. Man braucht etwas Geschick und Übung, bis man den Bogen heraushat. Achten Sie sehr darauf, dass die Leinenenden nicht am Boden schleifen, Sie könnten aus Versehen mit Ihren Füßen hineingeraten. Dies könnte äußerst gefährlich für Sie werden.

Beim ersten Versuch bei dieser Arbeit empfehle ich Ihnen unbedingt einen Helfer. Es kann immer mal etwas passieren, und so ist es gut, wenn eine zweite, kompetente helfende Hand in der Nähe ist.

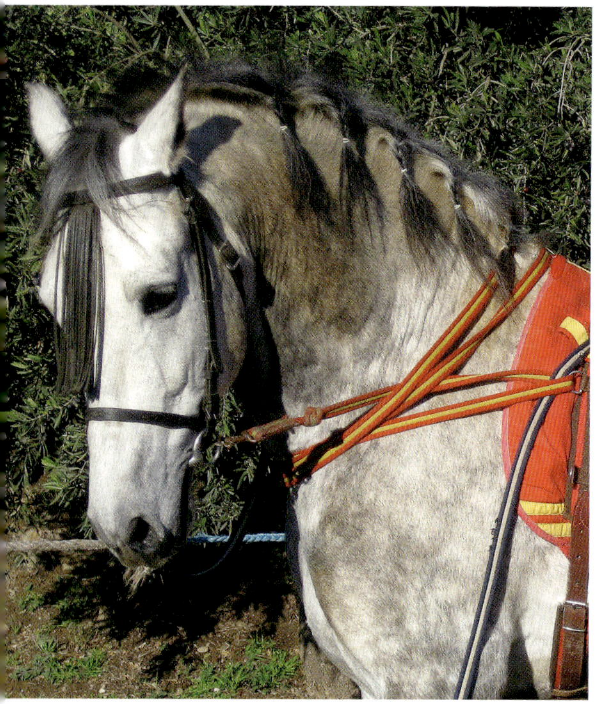

Solche Fehler können passieren. Seien Sie darauf vorbereitet und bewahren Sie Ruhe.

Erste Grundübung

Für die Grundübung am ersten Tag reichen ein Stallhalfter und zwei Longen aus, denn wir wollen zunächst einmal das Pferd daran gewöhnen, mit den Leinen an seinen Körperseiten vertraut zu werden. Wenn Sie einen Helfer haben, wäre es gut, wenn dieser das Pferd zunächst mit der linken Longe halten würde. Ohne Helfer müssen Sie das Folgende sehr umsichtig tun, versuchen Sie aber auf alle Fälle, Ihrem Pferd ein Gefühl von Sicherheit zu vermitteln. Alles ist gut, was Sie machen, geben Sie ihm dieses Vertrauen, und es wird geduldig warten auf das, was Sie mit ihm vorhaben.

- Haken Sie zunächst die Longe auf der linken Seite des Stallhalfters an der seitlichen Öse ein.
- Halten Sie die Longe aufgerollt in der rechten Hand, gehen Sie dann vor dem Pferdekopf auf die rechte Seite des Pferdes, haken Sie dort ebenfalls in der seitlichen Öse die zweite Longe ein.
- Legen Sie nun die Longe zur Rechten vorsichtig über den Pferderücken, sodass sie auf dem Pferderücken liegen bleibt.
- Gehen Sie nun wieder auf die linke Seite, nehmen Sie beide Longen auf, und lassen Sie Ihr Pferd zunächst einmal ganz normal auf dem Longenzirkel gehen.

Einziger Unterschied zur normalen Longenarbeit, die Ihr Pferd ja schon kennt: Sie haben nun auch die Longe, die auf dem Rücken lag, in der rechten Hand.

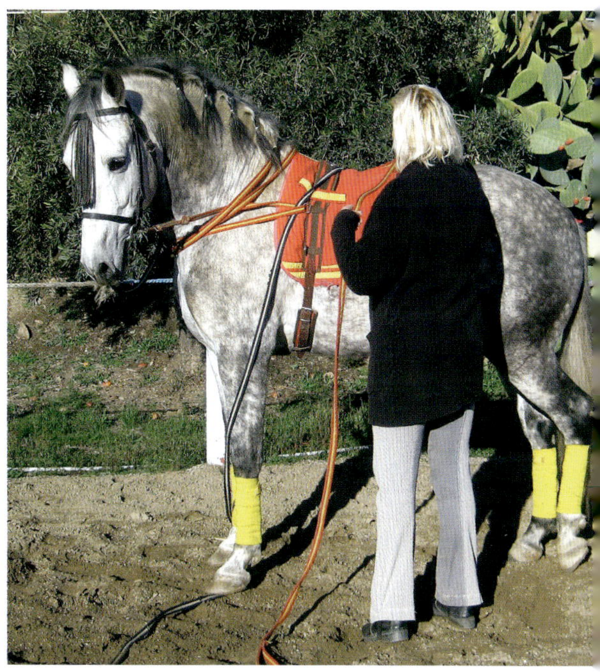

Gelassenes »wieder auswickeln« – bleiben Sie ruhig, wenn Ihnen so etwas passiert.

Von hinten führen

Nach und nach versuchen Sie bitte, langsam hinter das Pferd zu treten und es nun von hinten zu führen. Eine beruhigende Stimme, gewohnte Kommandos und Stimmsignale geben dem Pferd das Vertrauen, dass bestimmt nichts Schlimmes passieren wird.
Halten Sie genügend Sicherheitsabstand zur Hinterhand, man weiß nie, wie ein Pferd reagiert. Gute drei Meter Abstand wären klug am Anfang.
Wenn das Pferd dies alles ruhig und gelassen mitgemacht hat, können Sie mal probieren, es anzuhalten. Je besser Sie Ihr Pferd an der Longe ausgebildet haben, per Stimm- oder Pfeifsignale auf Sie zu hören, umso einfacher wird Ihnen dies alles zusammen gelingen.

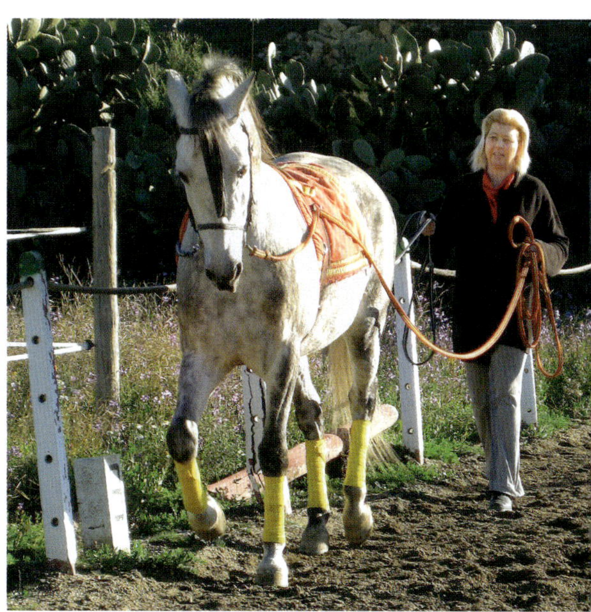

Vertrauensvoll und aufmerksam lässt sich das Pferd von hinten führen.

Bei Problemen – erst einmal aufhören

Sollten gravierende Probleme auftauchen, wie ein erschrockenes Wegrennen des Pferdes, Panik oder gar Ausschlagen in Ihre Richtung, rate ich dringend davon ab, diese Übung noch einmal zu probieren.
Sie müssen einige Schritte zurückgehen innerhalb der Ausbildung, das normale Longentraining erst mal mehr festigen und versuchen, eine bessere Vertrauensbasis aufzubauen zwischen Ihnen und Ihrem Pferd. Wenn der erste Trainingsversuch allerdings positiv verlaufen ist, können Sie am nächsten Tag gleich weitermachen. Denken Sie daran, Ihr Pferd nach der Übung ausgiebig zu loben, reichen Sie ihm zusätzlich ein paar Leckerbissen. Das fördert den Spaß an der Sache ungemein für Ihr Pferd.

So geht es weiter

Am darauffolgenden Tag legen Sie Ihrem Pferd eine Satteldecke und einen Longiergurt über. Schnallen Sie eine Wassertrense ein. Wenn Sie Ihr Pferd zuvor ablongieren wollen, besorgen Sie sich eine Longierbrille (kurzes, kinnlanges breites Nylonband mit zwei seitlichen Haken zum Einschnallen in den rechten und linken Wassertrensenring sowie einer Öse in der Mitte zum Einhaken der Longe).
Für junge Pferde kommt diese Longierbrille noch nicht in Frage, ein Jungpferd muss zunächst sowieso erst einmal lernen, das Gebiss richtig anzunehmen. Sie sollten diese Übung also nur dann mit einem Jungpferd beginnen, wenn diese Phase der Ausbildung schon gefestigt wurde.

Zunächst Longenarbeit

Lösen Sie das Pferd zunächst also etwas mit normaler Longenarbeit. Machen Sie es aber nicht müde, es soll aufnahme- und konzentrationsfähig sein. Ein bisschen traben, kurz galoppieren auf der linken und rechten Hand reichen sicherlich vollkommen aus.
Nun folgt die Phase des Einschnallens der beiden Longen. In je einen Trensenring eine Longe einhaken, und dann führen Sie beide Longen durch die mittlere Öse des Longiergurtes. Gehen Sie genauso vor wie am ersten Trainingstag. Also rechte Longe auf den Rücken legen, dann auf die linke Seite gehen, beide Longen aufnehmen und sich wieder langsam nach hinten arbeiten, um Ihr Pferd von dort aus zu führen.

Umgang mit der Longierpeitsche

Pferde, die nicht vorwärtsgehen wollen, lässt man entweder von einem Helfer anführen, oder man nimmt vorsichtig die Longierpeitsche zur Hilfe. Wobei es meist gar nicht nötig ist, das Pferd damit zu touchieren, sondern es langt, wenn man sie in der rechten Hand etwas hochhält. Den meisten Pferden reicht das Hochstellen der Longierpeitsche schon als Anlaufhilfe, weil sie diese im Augenwinkel sehr gut erkennen können und als vorwärtstreibendes Mittel wiedererkennen werden durch die Longierarbeit.

Handwechsel

Wenn der Schritt gut klappt, probieren Sie einen Handwechsel. Beispiel: Sie haben auf der linken Hand begonnen und wollen nun auf die rechte Hand überwechseln.

- Führen Sie Ihr Pferd ein paar Tritte auf die Zirkelmitte – oder Reitbahnmitte –

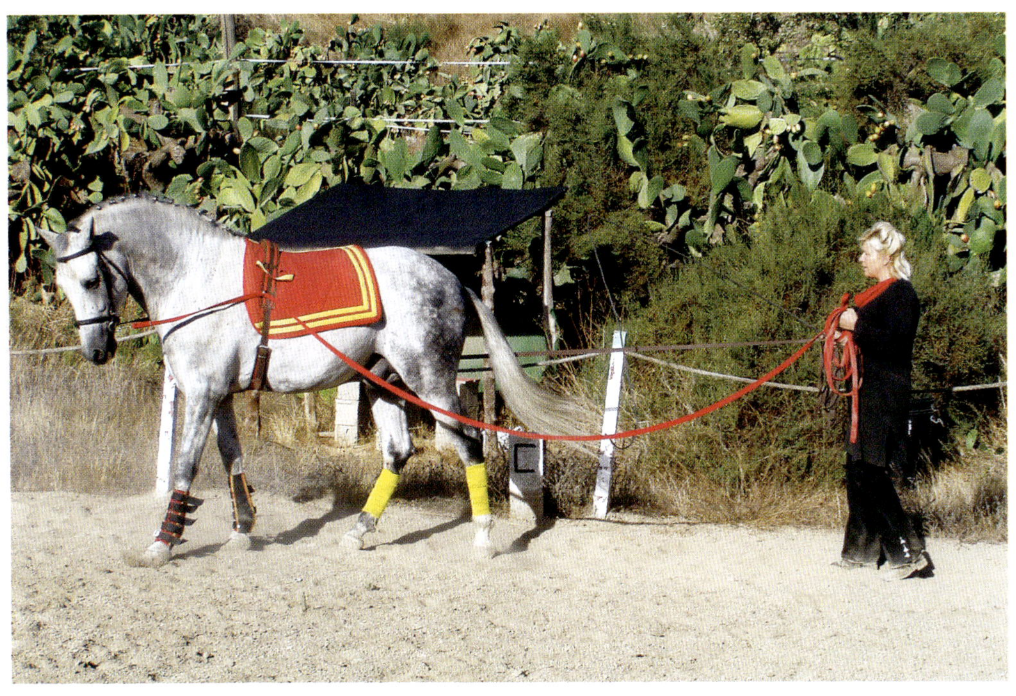

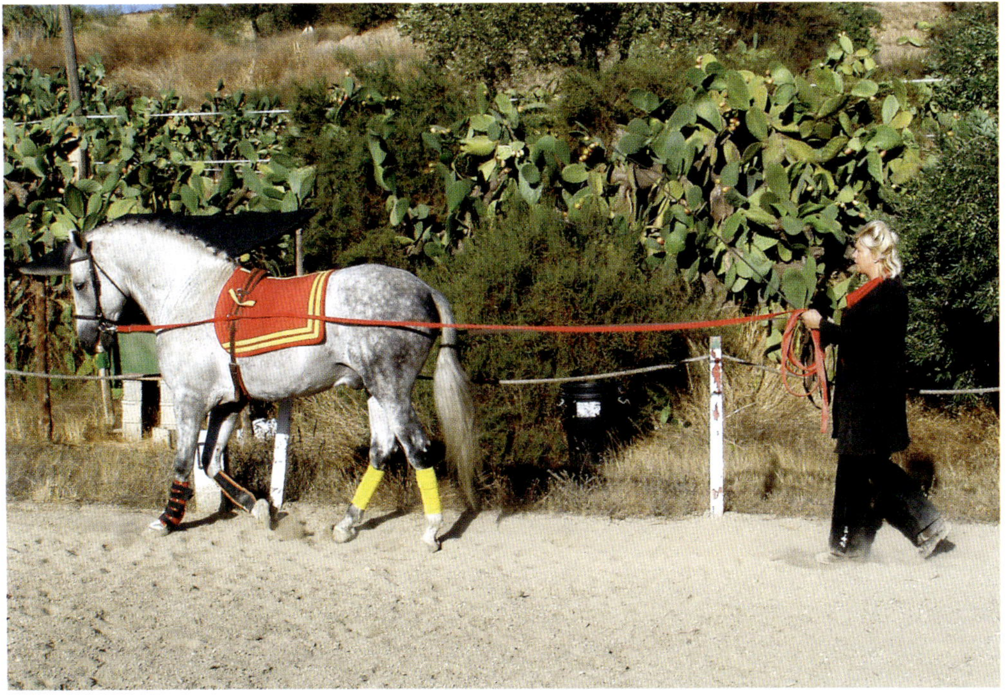

Wenn der Schritt gut klappt, probieren Sie einen Handwechsel.

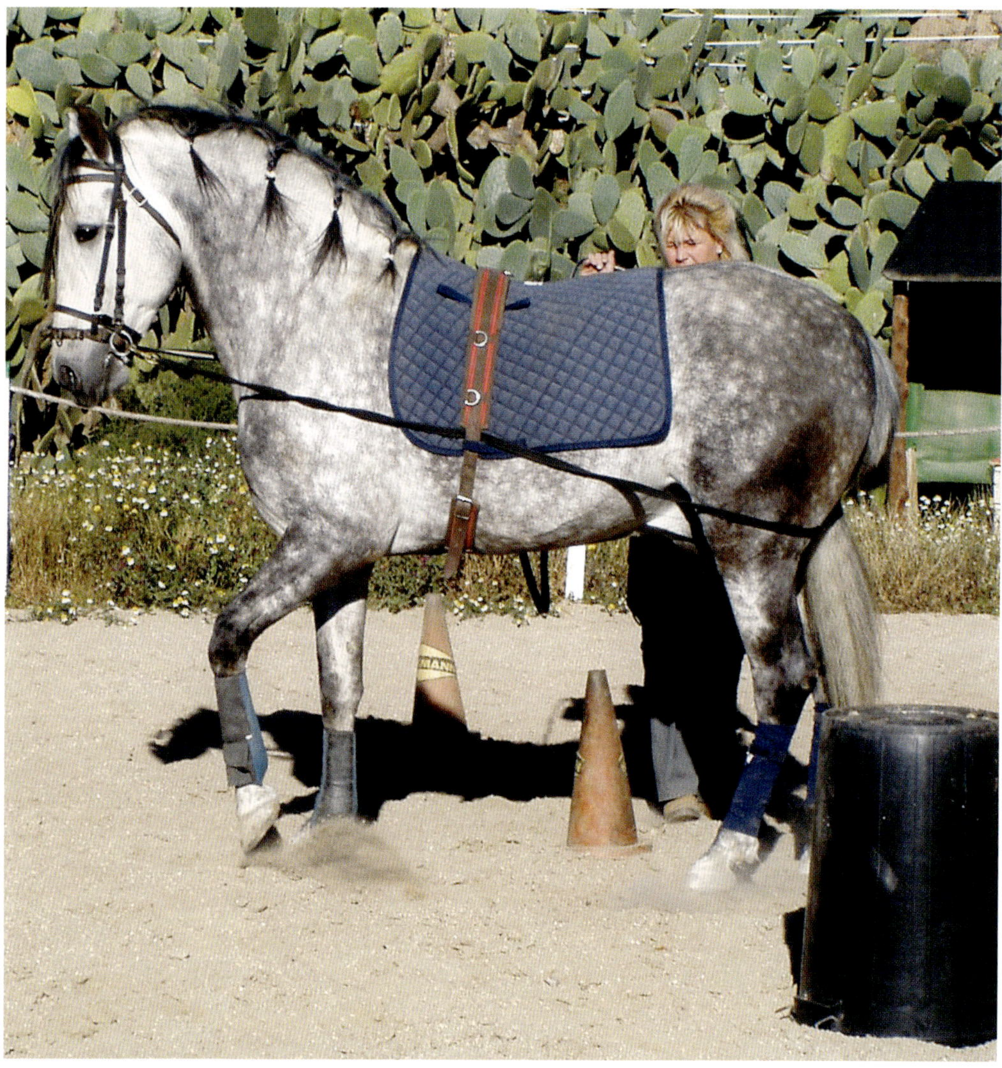

Gewöhnen des Pferdes an die Berührung der Leinen an der Hinterhand

hin, indem Sie der inneren Longe einen kurzen Zug geben.

- Die äußere Longe legen Sie an den Pferdekörper an, geben aber gleichzeitig ein wenig in der äußeren Hand nach. Das Pferd wird zunächst ein paar Tritte nach links abwenden.
- Nun wenden Sie das Pferd auf die rechte Hand, indem Sie mit der rechten Longe einen kurzen Zügelimpuls geben. Dieser Impuls muss sofort nachgeben, wenn das Pferd den Hals nach rechts dreht.
- Die linke Longe liegt nun am Pferdekörper, gibt aber gleichzeitig auch genügend

nach, damit das Pferd nach rechts abwenden kann.

- Sobald das Pferd reagiert und nach rechts abwendet, müssen Sie sofort mit beiden Longen nachgeben. Lassen Sie sie aber nicht einfach durchhängen: Halten Sie beide Longen gleichmäßig an beiden Körperseiten des Pferdes als Begrenzung, damit das Pferd nicht links und rechts weg pendeln kann, wenn Sie es einfach wieder nur geradeaus führen wollen.

Wenn Sie mit der Longierpeitsche arbeiten, die Sie bitte in der rechten Hand tragen, kreuzen Sie mit dieser immer diagonal beim Wenden, d. h. Nach-rechts-Abbiegen: Die Longierpeitsche wird leicht angehoben und zeigt nun gekreuzt über den Führleinen nach links und umgekehrt.

Abwechslung beim Training

Üben Sie mit den langen Leinen das Anhalten und Rückwärtsrichten, versuchen Sie Ihr Pferd ein paar Tritte seitwärtstreten zu lassen. Soll es vorwärts-seitwärts in Traversalstellung gehen, legen Sie die äußere Longe an den Pferdekörper an, zupfen also lediglich, einen Impuls gebend und wieder nachgebend. Die innere Longe kontert gegen, es ist immer ein sanftes Annehmen der Leinen links-rechts im Wechsel sowie das sofortige Nachgeben der führenden Hände und das langsame Mitlaufen des Leinenführers.

Wenn Sie selbst ein paar Schritte dabei über Kreuz gehen, wird dies Ihr Pferd in den Augenwinkeln sehen, und es wird auch zusätzlich noch diesem Signal der Körpersprache folgen. Man kann dieses Training beliebig variieren. Sie könnten beispielsweise Tonnen aufstellen oder Pilaren, um die Sie das Pferd herumlenken. Ebenso Freude macht das Arbeiten mit am Boden liegenden Stangen. Legen Sie sich zwei lange Stangen auf den Boden mit etwa 1 m Abstand, lassen Sie das Pferd zwischen diese Stangen treten und richten Sie es rückwärts wieder hinaus.

Je gefestigter Ihr Pferd in diesen Übungen wird und sich lenken und führen lässt, wenn Sie hinter ihm laufen, umso mehr wird es Ihnen vertrauen. Und Stück für Stück können Sie sich immer näher an die Hinterhand des Pferdes heranarbeiten – um dann übergehen zu können zur Arbeit mit den langen Zügeln.

Die Arbeit mit den langen Zügeln

Es gibt spezielle lange Zügel für die Arbeit an der Hand. Diese sind aus Leder und haben eine Länge von 6 m.

Wenn Sie aber zunächst einmal nur in diese Arbeit hineinschnuppern wollen, reicht auch ein festes, reißfestes Seil oder Tau, nicht zu dick. An seinen Enden können Sie selbst Haken einflechten. Oder Sie verwenden zwei alte Longen, kürzen diese jeweils auf 3 m und knoten sie dann zusammen.

Ich möchte nochmals betonen, dass diese Arbeit mit Pferden auch ab und an mal gefährlich werden kann.

Niemals sollten Sie diese Arbeit beginnen, wenn Sie nicht sicher sein können, ob Ihr Pferd nicht doch mal nach Ihnen ausschlagen will. Ihr Vertrauensverhältnis zu Ihrem Pferd muss absolut perfekt sein. Die Vorarbeit mit den beiden Longen rate ich also dringend an.

Für Begrenzung sorgen

Arbeiten Sie in einem fest eingegrenzten Reit- oder Longierplatz. Es kann durchaus mal passieren, dass Sie die langen Zügel verlieren und das Pferd davongaloppiert. Wichtig ist auch, dass Sie Ihr Pferd an herunterhängende Leinen gewöhnen, damit es niemals in Panik gerät, wenn sich einmal eine Longe um einen seiner Hufe wickelt. Dies können Sie prima üben, während Sie Ihr Pferd beispielsweise in der Box putzen. Knoten Sie einfach einmal einen Strick um sein Fesselgelenk oder über das Karpalgelenk, lassen Sie den Strick eine Weile dran, lösen Sie ihn nach 5 Minuten, und befestigen Sie ihn an einem anderen Bein.
Eine alternative Übung wäre noch, das Pferd in einem Roundpen oder Picadero mit Halfter und Führstrick frei laufen zu lassen. Es lernt so sehr schnell, wie es dem langen Strick geschickt ausweichen kann.
Lassen Sie aber nie Ihr Pferd so ausgestattet unbeaufsichtigt alleine im Roundpen, Longierzirkel oder Picadero.

Frühe Gewöhnung

Hier in Spanien werden alle Pferde in einem Zuchtbetrieb vom Fohlenalter an

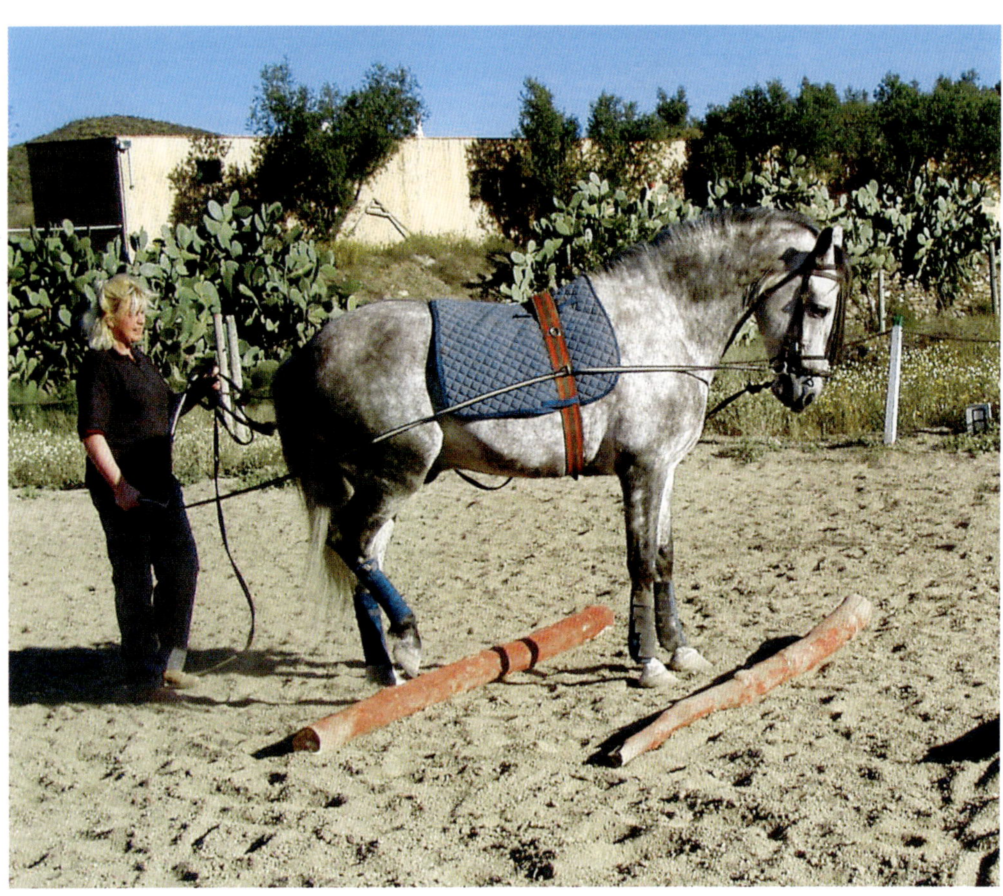

Schafft Abwechslung: das Arbeiten mit am Boden liegenden Stangen

daran gewöhnt. Ab einem Alter von etwa drei Monaten hängt immer ein Nylonband an ihrem Halfter mit einem festen Knoten, und die Fohlen lernen so von Anfang an, diesem Band auszuweichen. Ebenso lernen sie, wie sie durch einen Schritt rückwärts wieder aus dieser bremsenden Lage freikommen, falls sie einmal versehentlich darauf getreten sind. Manche halten die Verletzungsgefahr bei dieser Methode für zu groß, aber ein so eingewöhntes Fohlen wird als erwachsenes Pferd gelassen bleiben, wenn mal ein Zügel fällt oder der Tierarzt Stricke einsetzen muss.

Gewöhnung an die Gerte

Bevor Sie loslegen mit der Arbeit an den langen Zügeln, sollten Sie sicher sein, das Ihr Pferd kein Problem damit hat, wenn es von Ihrer Gerte berührt oder touchiert wird. Sollte dies der Fall sein, müssen Sie erst mal ein paar Tage in Kauf nehmen, um mit Ihrem Pferd das Abstreichen mit der Gerte am gesamten Körper zu trainieren. So lange, bis Ihr Pferd absolut gelassen darauf reagiert, aber genügend Sensibilität behält, um beim Touchieren auch zu weichen oder zu »tanzen« – wie z. B. bei der Piaffe an der Hand.

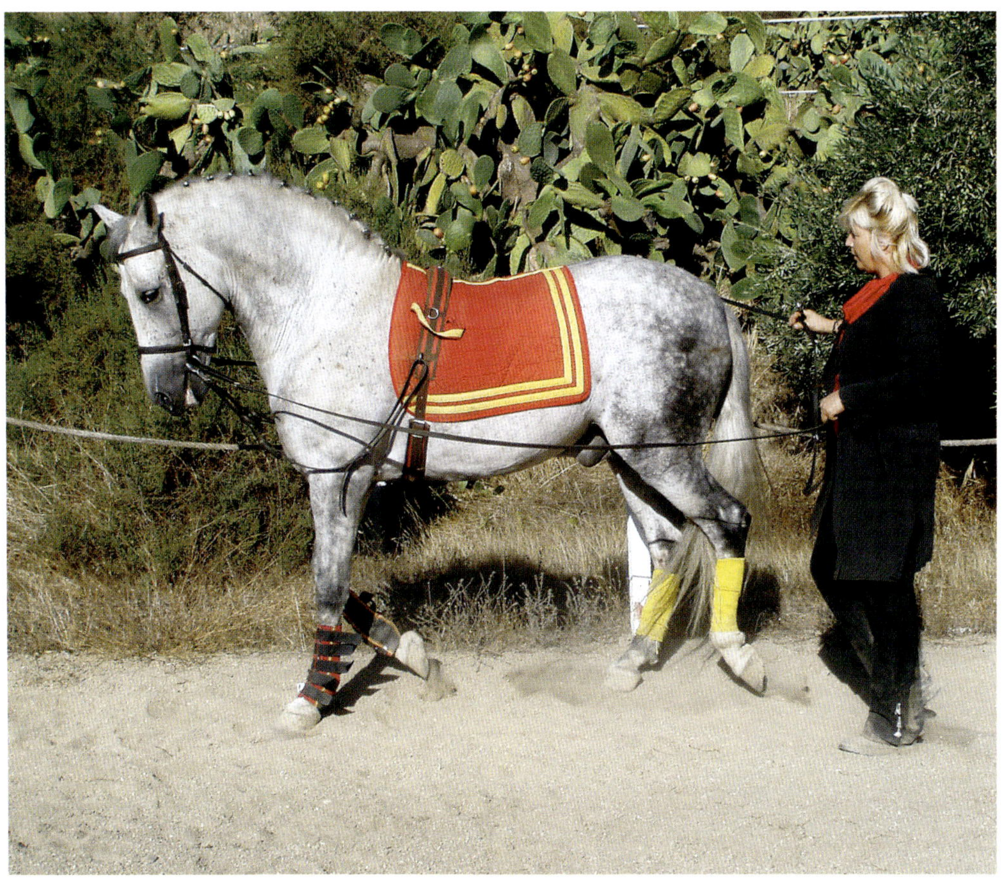

Arbeiten an den langen Zügeln

Übung am langen Zügel

Stellen Sie sich hinter Ihr Pferd, die langen Zügel in der Hand. Die Dressurgerte tragen Sie erst mal in der rechten Hand. Halten Sie diese ruhig, in vertikaler Position nach unten zeigend.
So laufen Sie zunächst einmal eine Runde mit dem Pferd. Versuchen Sie nun, ob Ihr Pferd nur alleine dadurch, dass Sie selbst sicher vorwärts marschieren und sich z. B. dabei nach links abwenden, mit Ihnen gehen wird. Halten Sie die langen Zügel nachgebend.
Die meisten Pferde machen das alles problemlos mit. Versuchen Sie nun, Ihre Hände sanft auf die Pobacken Ihres Pferdes aufzusetzen. Stellen Sie die Gerte mit ruhiger, langsamer Bewegung nun vertikal nach oben.

Schulter herein

Wenn Sie nun zum Beispiel ein Schulter herein an der Hand versuchen wollen, müssen Sie Ihren eigenen Körper so drehen, wie Ihr Pferd auch laufen soll. Wenn Sie sich auf der linken Hand befinden, gehen Sie also mit Ihrer rechten Schulter vor, laufen nun direkt seitlich neben der linken Hinterhand Ihres Pferdes. Geben Sie einen sanften Zügelimpuls auf den linken Zügel. Kontern Sie aber sofort, wenn das Pferd Kopf und Hals nach links biegt, indem Sie den rechten Zügel etwas gegen die rechte Hinterhand legen und einen leichten Zug darauf geben. Beide Zügelhilfen geben sofort wieder nach. Und so geht es immer weiter innerhalb dieser Lektion. Arbeiten Sie sorgfältig, achten Sie darauf, dass das Pferd nicht überbogen wird, und gehen Sie mittels Körpersprache selbst mit.

Traversalverschiebungen

Probieren Sie Lektionen aus, die Ihnen vorschweben. Traversalverschiebungen kann man auch prima am langen Zügel trainieren, indem Sie das Pferd schön zwischen den beiden Zügeln halten und zum Traversieren den äußeren Zügel kurz um die äußere Hinterhand spannen, dann wieder kontern mit dem inneren, langen Zügel.
Und immer daran denken: Sofort mit den Handgelenken wieder vorgehen, um dem Pferd Ausgang nach vorne zu lassen. Jedes zu lange Anstehenlassen der Zügel könnte das Pferd veranlassen, nervös nach hinten weichen zu wollen oder gar mit dem Kopf zu schlagen, hochzusteigen und sich herumzuwerfen. Sie selbst sollten sich ebenso vorwärts-seitwärts in traversalähnlicher Haltung bewegen.

Kehrtwendung

Versuchen Sie mal eine Kehrtwendung. Beispielsweise auf der rechten Hand lassen Sie Ihr Pferd die Bahnfigur »aus der Ecke kehrt« durchführen, führen diese Wendung aber so aus, dass das Pferd mit der Hinterhand so gut wie gar nicht vortritt, sondern traversalartig die Beinpaare überkreuzt und seitwärts nach links aus der Ecke kehrt wendet.

Kommunizieren mit dem Pferd

Generell ist es in all diesen Übungen wichtig, dass Sie einfach in Gedanken die Übungen erst mal selbst »laufen« und sich dann so bewegen, wie Sie sich die Übung vorgestellt haben. Ihr Pferd wird auf Ihre Körpersprache eingehen und die Lektionen mitlaufen.
Und Technik alleine macht es nicht, man

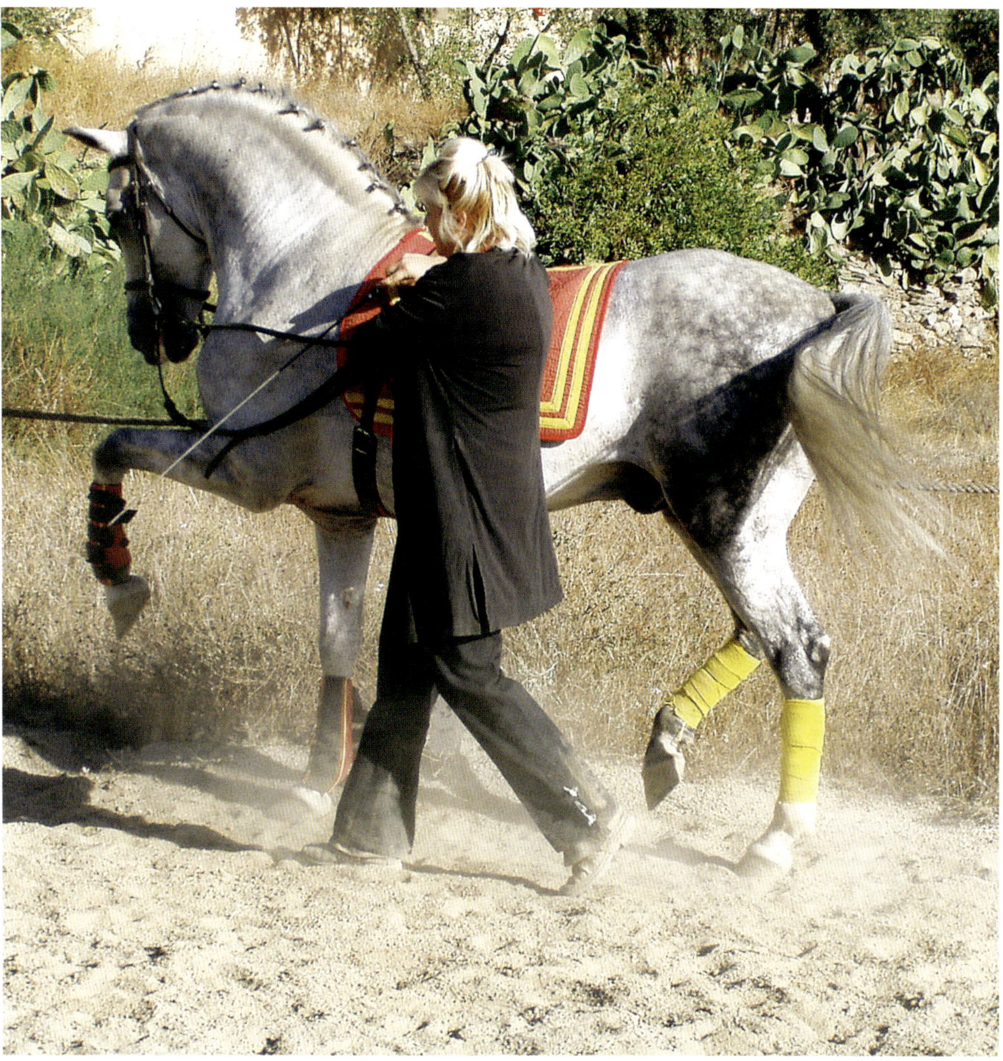

P.R.E. Hengst Latino XV in der Passage an der Hand

kann zu dieser Arbeit keine perfekte Anleitung geben, denn jedes Pferd ist anders. Bei dem einen Exemplar müssen die Zügelhände etwas höher getragen werden, bei manch anderem Pferd vielleicht einen Tick tiefer. Man lernt diese Führung am langen Zügel erst durch immer wieder Trainieren und indem man das jeweilige Pferd dabei genau beobachtet, auf seine Körpersprache achtet, das Ohrenspiel etc. Und man muss sich selbst schulen durch das Training. Nach und nach werden Sie das Pferd fast ausschließlich durch Ihre Körpersignale, Ihre Bewegungen, Ihr selbstbewusstes und immer sicherer gewordenes Auftreten führen können.

Die Piaffe und Passage am langen Zügel

Es gibt einige Pferde, denen es schwerfällt, Piaffe und Passagelektionen nur vom Sattel aus zu lernen. Solchen Pferden kann man sehr schön helfen, indem man sie an der Hand arbeitet mit den langen Zügeln. Gehen Sie für die ersten Piaffetritte wie folgt vor:

Die ersten Piaffetritte

Suchen Sie sich im Vorfeld schon einen Bahnpunkt aus, an dem Sie versuchen wollen, die Tritte einmal zu verkürzen, man nennt dies auch halbe Tritte. Laufen Sie mit den langen Zügeln hinter

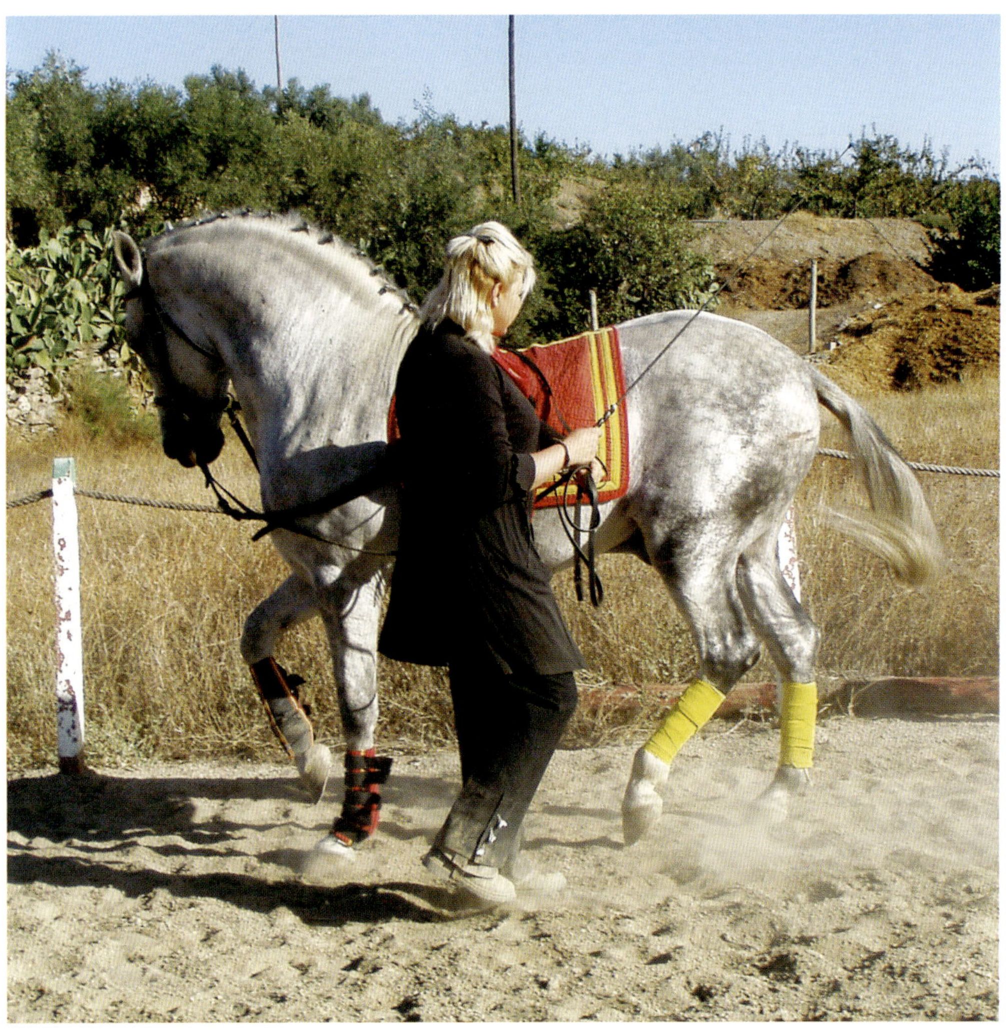

Erste Piaffetritte an der Hand.

Ihrem Pferd her, lassen Sie es in ruhigem Trabtakt gehen.
Es ist immer gut, verschiedene Schnalzsignale oder Stimmkommandos für die einzelnen Übungen parat zu haben. Es müssen immer die gleichen sein. Probieren Sie beispielsweise bei Bahnbuchstabe A einmal, Ihr Pferd im Trab nur für zwei oder drei Sekunden kurz zu verhalten, indem Sie:

- rhythmisch dazu kurze Schnalzlaute geben,
- Zügel annehmen und wieder geben,
- die Gerte sanft auf der Kruppe anlegen und
- im Rhythmus der Tritte, die Sie erreichen wollen, sanft touchieren.

Lassen Sie das Pferd sofort wieder nach vorne heraus, sobald es auch nur annähernd reagiert.

Langsam steigern

Manchmal sehen die ersten halben Tritte etwas chaotisch und nervös aus, aber nur Geduld! Loben Sie Ihr Pferd ausgiebig, auch mit Leckereien, und probieren Sie es immer wieder an gleicher Stelle noch einmal. Am ersten Tag nur 3- oder 4-mal, am nächsten Tag etwas mehr. Sie werden merken, dass die Tritte mit jedem Tag besser werden.
Machen Sie dann einfach mal eine Woche komplett Pause mit dieser Lektion – um sie dann nach dieser Pausenzeit wieder abzurufen. Sie werden merken, dass Ihr Pferd so schon fast von allein anfangen wird, die Tritte in halbe Tritte umzuwandeln, allein schon durch Ihr Schnalzkommando und das kurze Annehmen der Zügel.
Je feiner und sensibler Sie innerhalb dieser Lektion vorgehen, je mehr Zeit Sie sich und Ihrem Pferd dafür lassen, umso schöner wird später das Ergebnis sein.
Lassen Sie die halben Tritte am Anfang unbedingt immer wieder nach vorne heraus. Ihr Pferd wird Ihnen nach einer Weile zeigen, wann es bereit ist, innerhalb der halben Tritte auf der Stelle zu treten und so der Piaffe immer näher zu kommen.

Mein Tipp

Wenn Sie selbst sich so etwas nicht zutrauen, lassen Sie sich von einem Fachmann helfen. Es gibt schon viel zu viele Pferde, die an der Hand »versaut« wurden, indem man vorne mit den langen Zügeln festhielt und hinten statt zu touchieren das Pferd verprügelte. Das hat nichts mit feiner Arbeit an der Hand zu tun. Man muss sehr viel Einfühlungsvermögen und Geschick haben, um diese Art der Handarbeit durchzuführen. Aber wenn man es nie versucht, wird man es natürlich auch nie lernen.

Die Passage

Die Passage an der Hand beizubringen ist nicht ganz so einfach. Ich halte die Piaffe an der Hand schon mal für eine sehr gute Vorübung.
Wenn das Pferd die Piaffe an der Hand kann, lassen Sie immer mal zwei, drei Tritte der Piaffe nach vorne heraus im Trabtakt. Versuchen Sie, dem Ganzen Nachdruck zu verleihen durch das Touchieren der Vorderhand. Ein neuer Schnalzton oder ein rhythmisches Stimmkommando im Passagetakt wird Ihrem Pferd ungemein helfen. Achten

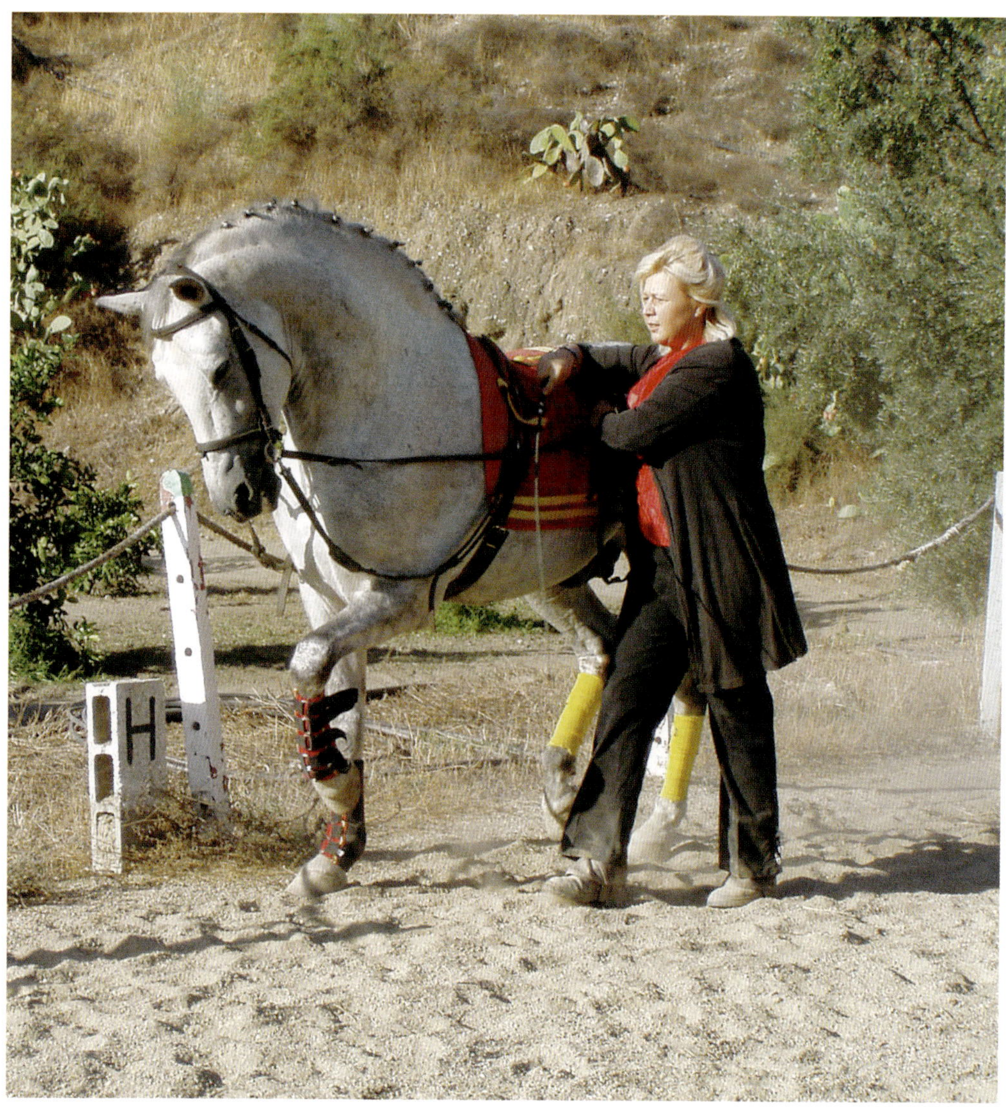

Passagetritte an der Hand

Sie darauf, dass die Hinterhand schön mitarbeitet bei der Passage.
Laufen Sie seitlich neben Ihrem Pferd mit, etwa in Höhe seiner Schulter, halten Sie die langen Zügel in der linken Hand, tragen Sie sie etwa in Widerristhöhe, touchieren Sie Ihr Pferd einmal an der Hinterhand im Passagetakt. Denken Sie daran, loben Sie Ihr Pferd, wann immer es Ihnen lobenswert erscheint. Stück für Stück werden die Tritte besser, reifer. Lassen Sie auch hier ab und zu eine mentale Pause zu. Einfach mal eine Woche nichts machen in dieser Übung. Ihr Pferd braucht Zeit zum Begreifen.

Schlusswort

Ziel dieses Buches war es, Ihnen klarzumachen, dass das klassische und das iberische Dressurreiten eine ganz bestimmte, feine Körperdurchspannungstechnik erfordern. Um mit Ihrem Pferd Dressurlektionen »tanzen« zu können, müssen Sie versuchen, diese Technik zu erlernen.
Wenn Sie Lust auf Mehr bekommen haben, würde ich mich freuen, ein weiteres Exemplar für Sie zu verfassen mit detaillierten Beschreibungen für höchste Dressurlektionen innerhalb dieser beiden hohen Dressurkünste.

Versuchen Sie etwas spanische Mentalität in Ihre Arbeit mit dem Pferd einzubauen. Die Leichtigkeit für alle hohen Lektionen, die man als Zuschauer so bewundert, kommt vor allem deshalb zustande, weil hier in Spanien mit Stolz und sehr viel Leidenschaft geritten wird.
Reiten ist ein Körpergefühl – lassen Sie sich darauf ein.
In diesem Sinne grüße ich Sie aus dem Süden Spaniens,

Ihre *Jutta Judy Bonstedt Kloehn*

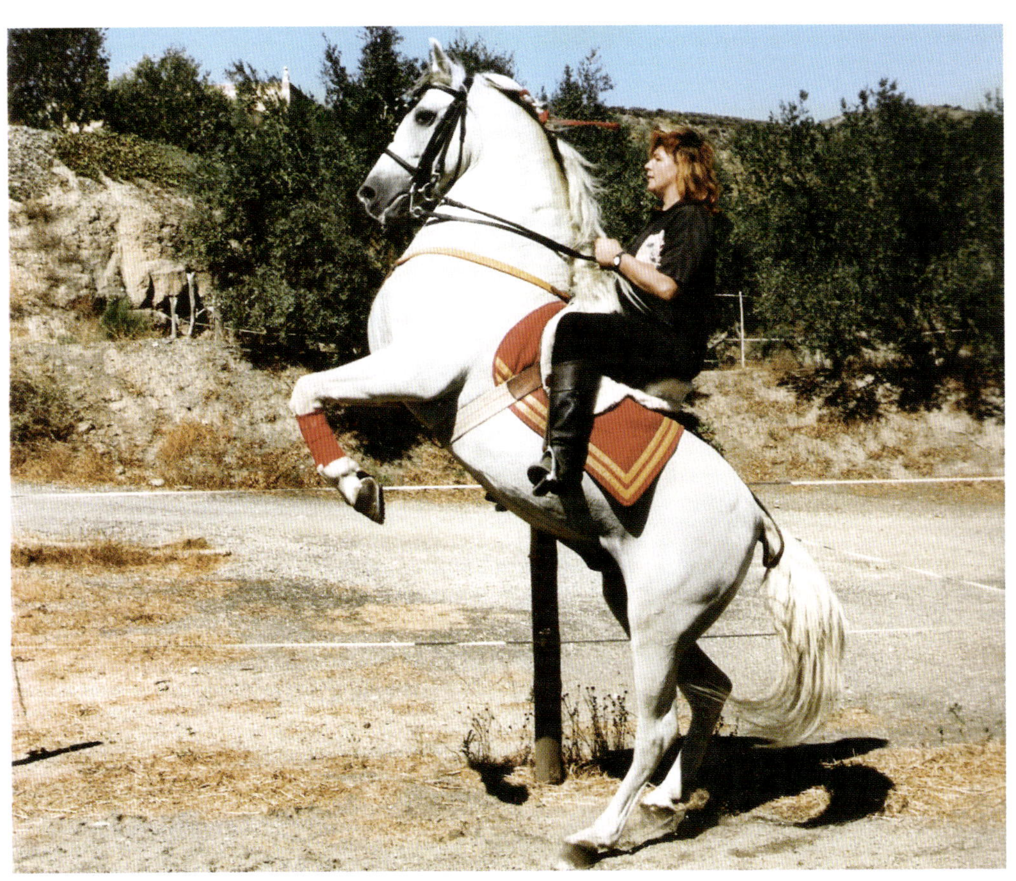

Danksagung

»Ganze Weltalter voll Liebe werden notwendig sein, um den Tieren ihre Dienste und Verdienste an uns zu vergelten.«

Christian Morgenstern

An dieser Stelle möchte ich mich bei all meinen Reitgästen bedanken, die mir jahrelang treu waren. Ebenso einen großen Dank an alle Privatpferdehalter und Züchter, die meiner Arbeit vertraut haben und immer noch vertrauen.
Ich bitte gleichzeitig meine Familie um Verzeihung, weil sie so oft auf meine Präsenz verzichten musste, während ich dieses Buch schrieb. Besonders mein Sohn Javier kam in dieser Zeit etwas zu kurz.

Namentlich erwähnen möchte ich meine Praktikantinnen und Pferde-Au-pairs, denen ebenfalls mein größter Dank zusteht:
Meike Fehrlage, Kerstin Oetting, Olesja Taisarow (Jeska), Sarah Sheliga, Julia, Vena Wackerhagen (sie ist gleichzeitig meine Webseiten-Designerin), Lisa Minkmar, Christin Ernst und Andrea Silvia Rey.
(Diese hat die Haltungsfehler auf den Fotos in den Übungen für Sie gestellt)

Weiterhin gebührt mein allergrößter Dank meinen Eltern.
Meine ganz besondere Wertschätzung möchte ich auch noch zum Ausdruck bringen und den damit verbunden Dank für folgende Personen:
Natalia Paschkovskaya (eine russische Bereiterin, sie vertritt ebenso meinen Stil und ist hier im Reitclub Almería tätig. Sie ist auf weiteren Fotos in diesem Buch zu sehen).
Eva Maria Morón Manchado, José Manuel López Galdeano, Rafael Usero Arrieta, Francísco Díaz Oña, Francisco Ibañez, Maria del Carmen Martínez Rodríguez, Jens Maletzki (Malle), Stefan Hohloch, und einen ganz speziellen Dank an Roberto Navarro Vergara, der mich immer bei der Planung meines Buches unterstützt hat.
Und zu guter Letzt Anja Adamski und dem PRE Hengst Latino XV, der sich derzeit noch hier in Beritt befindet und somit auf vielen Fotos in diesem Buch vorzufinden ist.

An all meine Pferde ebenso einen Dank für die jahrelange Mitarbeit, auch wenn sie es nicht lesen können.

Adíos!
Eure *Jutta Judy Bonstedt Kloehn*

Stichwortverzeichnis

Nützliche Adressen und Literatur

www.ranchorayodesol.de: Homepage der Autorin Jutta Judy Bonstedt Kloehn

www.traumpfer.de: Homepage von Anja Adamski

www.ancce.es: Homepage der Züchter für Pferde reiner spanischer Rasse

www.pferdepraxis.co.at: Homepage Dr. Roberto Stodulka (Veterinärmediziner, spezialisiert auf Akupunktur und Chiropraktik bei Pferden)

www.andalusier.de: informative Webseite über spanische Pferde

Weiterführende Literatur:
http://www.pferdepraxis.co.at/shop/buecher.html
von Dr. Robert Stodulka

Unterhaltende Pferdeliteratur:
Pferd mit Familienanschluss
von Eric Verlag: Buch und Welt
Dieses Buch ist aus dem Jahre 1967, es ist erhältlich über folgende Webseite:
http://cgi.ebay.de/Pferd-Familienanschluss-Eric-Hatch-1967-/160514174480
Ein Lesespaß pur und es ist das Favoritenbuch der Autorin Jutta Judy Bonstedt Kloehn.

Der Schatten über dem Regenbogenland
Fantasie-Roman von Judy Jutta Bonstedt Kloehn
- **ISBN-10:** 3837020681
- **ISBN-13:** 978-3837020687

Erhältlich über:
www.amazon.de

Webdesigner:
Webdesignerin Vena Wackerhagen
www.vena-design.de

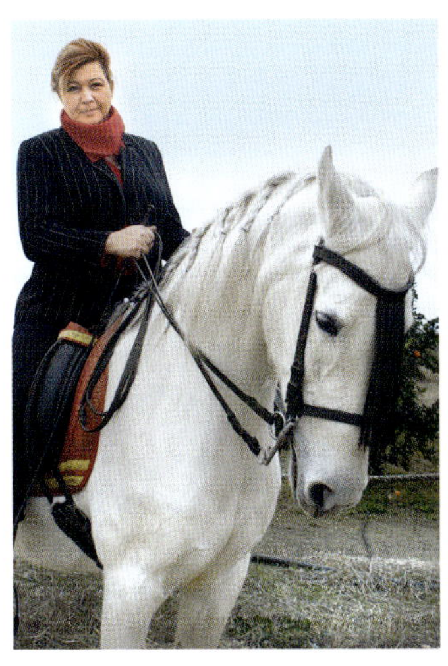

Über die Autorin

Jutta Judy Bonstedt Kloehn reitet seit ihrer Kindheit. Nach Erfahrungen in klassisch-konventioneller Reitweise und einem Ausflug zum Westernreiten fand sie schließlich in der klassischen und iberischen Reitweise ihr Glück. Im Jahr 1995 ging Jutta Judy Bonstedt Kloehn nach Andalusien und eröffnete in der Provinz Almería ein eigenes Reit- und Ferienzentrum. Seit dieser Zeit bildet sie Pferde und Reiter aus und konnte dadurch ihre Form der Hohen Schule der spanischen Reitweise vermitteln.

Bibliografische Information der Deutschen Nationalbibliothek
Die Deutsche Nationalbibliothek verzeichnet diese Publikation in der Deutschen Nationalbibliografie; detaillierte bibliografische Daten sind im Internet über http://dnb.d-nb.de abrufbar.

BLV Buchverlag GmbH & Co. KG
80797 München

Bildnachweis:
Alle Bilder von Jutta Judy Bonstedt Kloehn, außer S. 6: Anja Adamski

Umschlagfotos: Jutta Judy Bonstedt Kloehn

Lektorat: Marion Ónodi
Herstellung: Ruth Bost
DTP: Satz+Layout Peter Fruth GmbH, München

Gedruckt auf chlorfrei gebleichtem Papier

Printed in Germany
ISBN 978-3-8354-0760-2

Hinweis
Das vorliegende Buch wurde sorgfältig erarbeitet. Dennoch erfolgen alle Angaben ohne Gewähr. Weder Autor noch Verlag können für eventuelle Nachteile oder Schäden, die aus den im Buch vorgestellten Informationen resultieren, eine Haftung übernehmen.